# ACTÍVATE

ES TU MOMENTO!

52 LECCIONES
PARA LIDERES

## MARIO OSEGUERA

**ACTÍVATE**
52 Lecciones Para lideres
**Autor:** Mario Oseguera
Primera edición Otoño del 2024
Copyright 2024

**Iglesia Ríos De Agua Viva**
1395 W. Mission Blvd. Pomona, Ca 91766
www.riosdeaguavivaupci.com
**Para pedidos o llamadas: 909 4831456**

**Editor:** Pedro Torres Pereira
**Revisión de texto:** Nefer Riascos
**Diseño Y Diagramación:** Jonathan Saa

**Library of Congress:** Control number in process. Todos los derechos de este libro están reservados bajo la Ly de "Copyright Internacional". Aparte de que es pecado, por robar propiedad intelectual, ninguna parte de esta publicación puede ser reproducida, almacenada en un sistema electrónico, o transmitida en cualquier forma o por cualquier medio, electrónico, de fotocopia, grabación o cualquier otro, sin el previo permiso escrito del autor. Prohibida su reproducción total o parcial sin permiso escrito del autor.

Y a menos que se indique otra cosa, las referencias bíblicas han sido tomadas de la versión Reina y Valera Revisada 1960. Sociedades Bíblicas Unidas.

No part of this book may be distributed, posted, or reproduced in any form by digital or mechanical means without prior written permission of the publisher.

**"Le Ayudamos A Desarrollar El Sueño De Escribir Su Libro"**

3313 S. Gilbert Rd, Grand Prairie   TX 75050
Tel. (214) 529 2746
Impreso en USA
Printed in USA

# CONTENIDO

| | | |
|---|---|---|
| | Introducción | 9 |
| 1. | La mejor manera de orar. | 13 |
| 2. | Ayudar a tu prójimo es ayudarte a ti mismo. | 17 |
| 3. | Estableciendo metas personales. | 23 |
| 4. | Cómo mantener buenas relaciones con la gente. | 29 |
| 5. | El carácter diligente. | 35 |
| 6. | Desarrollando una actitud de vencedor. | 41 |
| 7. | La importancia de establecer metas N° 1. | 47 |
| 8. | La importancia de establecer metas N° 2. | 53 |
| 9. | Determínate a tratar con la gente. | 59 |
| 10. | Expanda su visión. | 65 |
| 11. | La necesidad de construir buenas relaciones. | 73 |
| 12. | No te des por vencido. | 79 |
| 13. | Nacidos para multiplicar. | 85 |
| 14. | Tomando riesgos con fe. | 91 |
| 15. | Las recompensas eternas. | 97 |
| 16. | Los fundamentos básicos para orar. | 103 |

| CAPÍTULO | | |
|---|---|---|
| 17. | Cómo hacer que las personas se queden en su grupo. | 109 |
| 18. | Cómo ser una persona prudente. | 117 |
| 19. | El don del liderazgo. | 123 |
| 20. | Esclavitud mental. | 129 |
| 21. | Fe que hace historia. | 135 |
| 22. | Dios manifestado en carne. | 141 |
| 23. | La unción pudre el yugo. | 147 |
| 24. | Cuando Dios te lleva a un desierto. | 153 |
| 25. | Cómo abrir canales de bendición. | 159 |
| 26. | Aprendiendo para dirigir a otros. | 165 |
| 27. | Tres consejos para vencer la tentación. | 171 |
| 28. | Un consejo pastoral. | 177 |
| 29. | La habilidad de tratar con la gente. | 183 |
| 30. | El líder y su conducta personal. | 189 |
| 31. | Fe que produce milagros. | 195 |
| 32. | Por qué organizar grupos pequeños en la iglesia. | 201 |
| 33. | Los grupos pequeños en la biblia. | 207 |
| 34. | La influencia del pastor en la iglesia celular. | 213 |
| 35. | Usa lo que tienes. | 217 |
| 36. | Cómo empieza la caída espiritual. | 223 |
| 37. | Venciendo el espíritu de temor. | 229 |
| 38. | Las bendiciones de la unidad. | 235 |
| 39. | Grupos pequeños organizados. | 241 |
| 40. | Relaciones más que lecciones. | 247 |
| 41. | El poder de los pensamientos. | 253 |

| CAPITULO | | | |
|---|---|---|---|
| 42. | Promoviendo nuevos líderes. | 259 |
| 43. | Cómo administrar los grupos celulares N° 1. | 265 |
| 44. | Qué necesitamos para multiplicar. | 271 |
| 45. | El factor para una multiplicación exitosa. | 277 |
| 46. | El ministerio de la silla. | 285 |
| 47. | La importancia de un compromiso. | 291 |
| 48. | 6 principios para cimentar el liderazgo cristiano. | 297 |
| 49. | El mandamiento de ser bautizados. | 303 |
| 50. | Jesús, Dios manifestado en carne. | 311 |
| 51. | La ley de la atracción. | 317 |
| 52. | La comunicación eficaz. | 323 |

**ACTÍVATE**

## INTRODUCCIÓN

El Nuevo Testamento está lleno de instrucciones sobre cómo discipular a los creyentes en general, pero también se enfoca particularmente en cómo levantar líderes en la iglesia. Por ejemplo, Pablo le dice a Tito: *"Por esta causa te dejé en Creta, para que pusieras en orden lo que queda, y designaras ancianos en cada ciudad como te mandé" (Ti. 1:5)*. Luego comienza a describir cómo deben ser estos ancianos. De manera similar, le dice a Timoteo que busque *"hombres fieles aptos para enseñar también a otros" (2 Tim. 2:2)*.

La práctica de la palabra, es esencial para los líderes de grupos pequeños a fin de que sean guías efectivos en sus grupos. Al involucrarnos en su obra nos ponemos en la mejor posición para crecer en la gracia de Dios.

Para que pueda comprender más esta analogía; yo recuerdo cuando era niño que hubo un tiempo que para recibir la señal de televisión necesitábamos subir a la azotea de la casa y mover nuestra antena en cierta dirección, hasta que lográbamos mirar la señal clara. Cuando leemos la Biblia, oramos, ayunamos y practicamos la misericordia y la buena comunicación, nos colocamos en dirección a la madurez espiritual, para ser más usados como líderes de grupos pequeños.

En este manual de 52 temas de liderazgo, usted aprenderá rasgos y cualidades esenciales para llegar a ser un buen líder en su vida personal y profesional. Si eres líder o aspirante a líder, aprender lo que se necesita para ser eficaz es crucial para el éxito. Así que, estudiemos estos temas para poder aplicarlos a nuestra vida y así poder enseñar a otros el lado tan importante del liderazgo. Aprender el liderazgo, es esencial en cada iglesia para llevarla a tener el éxito deseado.

Esta es una habilidad que puede aprenderse y desarrollarse con el tiempo y la práctica. Un líder es uno que inspira, motiva e influye en las personas para poder alcanzar sus objetivos. Sin embargo, no todos los líderes son iguales ni todos los estilos de liderazgo son eficaces. Para ser un líder excelente se necesitan rasgos y cualidades esenciales tales como honradez, integridad, empatía, buena comunicación y capacidad para tomar decisiones difíciles.

El líder debe conducirse con integridad, siendo irreprochable en su vida pública. El líder debe ser de buena reputación ante sus hermanos y los de afuera (1 Ti. 3:7) *"También conviene que tenga buen testimonio de los extraños, porque no caiga en afrenta y en lazo del diablo".* ¿Cómo liderará en una iglesia si no se tiene una buena reputación?

*(Ex.18:21) "Además escoge tú de entre todo el pueblo varones de virtud, temerosos de Dios, varones de verdad, que aborrezcan la avaricia; y ponlos sobre el pueblo por jefes de millares, de centenas, de cincuenta y de diez".* Esto no es solo para Moisés y sus lideres, sino que es cierto para los hombres que estamos involucrados en ministerios.
  Solo de darme cuenta de que algún día tendré que presentarme ante Dios para dar cuentas es algo preocupante. Ten en cuenta que, si eres un vaso de Dios, algún día

tendrás que responder ante Él por tu enseñanza. Es por eso que hago lo mejor que puedo para apegarme a la Palabra de Dios. No quiero decir más de lo que la Palabra de Dios realmente dice. *(2Tim.2:15) "Procura con diligencia presentarte a Dios aprobado, como obrero que no tiene de qué avergonzarse, que maneja con precisión la palabra de verdad".* Bienvenido a nuestros estudios de liderazgo.

**ACTÍVATE**

# LA MEJOR MANERA DE ORAR

**Introducción:** La potencia de la oración ha superado a la fuerza y poder del fuego; ha cerrado bocas de leones, trastornado reinos, extinguido guerras, expulsado demonios, roto cadenas de muerte, ensanchado las puertas de los cielos, curado enfermedades, rescatado ciudades de la destrucción, ha detenido al sol en su cenit. La oración es una armadura poderosa, un tesoro, una mina que nunca se agota, un cielo en el cual no existen nubes, ni se oye el sonido de tormenta. Es la raíz, la fuente, la madre de un millar de bendiciones.

## I. LA BIBLIA NOS ENSEÑA LA MEJOR MANERA DE ORAR

A. Los cristianos saben que deben orar. Pero muchos sienten que no funciona. Es porque les han enseñado mal. En este estudio, le mostraré cómo la biblia nos enseña a orar de una manera correcta y productiva.

  1. Debemos perdonar si tenemos algo en contra de alguien. (Marcos 11:25-26).

  2. Debemos orar en humildad. (Lucas 18:9-14).

  3. Debemos dirigirnos al Padre. (Mateo 6:9).

  4. Debemos orar en el nombre de Jesús. (Juan 16:23-24). (Colosenses 3:17) *"Y todo lo que hacéis, sea de palabra o de hecho, hacedlo todo en el nombre del Señor Jesús".*

## II. ¿CUÁL ES LA MEJOR FORMA DE ORAR?

A. No importa dónde estemos, ya sea que estemos de pie o arrodillados; ya sea que oremos verbalmente o en silencio, en forma individual o a favor de un grupo, debemos siempre hacerlo con fe, "con un corazón sincero y con verdadera intención".

  1. Puedes orar a solas con Dios. *(Juan 6:15) (Mateo 6:6).*

  2. Puedes orar en grupo con otros creyentes. *(Hechos. 1: 14), (Hechos.2:42) (Hechos 4:31-32).*

3. Cuando ores asegúrate que estén en un mismo sentir; pues allí envía el Señor su bendición. *(Salmo. 133:1-3)*.

4. Debemos orar con fe, no dudando nada. *(Santiago 1:6); (Hebreos 11:6) (Marcos. 11:24)*.

## III. LOS ESTORBOS EN LA ORACIÓN

A. El obstáculo más obvio para la oración efectiva es la presencia de pecados no confesados. Debido a que nuestro Dios es santo, hay una barrera entre Él y nosotros cuando venimos a Él con un pecado que no hemos confesado. *"Pero vuestras iniquidades han hecho división entre vosotros y vuestro Dios, y vuestros pecados han hecho ocultar de vosotros Su rostro para no oír" (Isaías 59:2)*

B. David concuerda con ello, sabiendo por experiencia que Dios está lejos de aquellos que tratan de esconder su pecado ante Él: *"Si en mi corazón hubiese yo mirado a la iniquidad, el Señor no me habría escuchado" (Salmos 66:18)*.

C. Maltrato conyugal. Específicamente cuando un esposo no le da el lugar de honra a su esposa y es áspero con ella. *(1 Pedro 3:7-12) "Vosotros, maridos, igualmente, vivid con ellas sabiamente, dando honor a la mujer como a vaso más frágil, y como a coherederas de la gracia de la vida, para que vuestras oraciones no tengan estorbo". (Efesios 4:26-27 "Airaos, pero no pequéis; no se ponga el sol sobre vuestro enojo, ni deis lugar al diablo"*.

D. Si anhelamos tener una vida de oración contestada, necesitamos eliminar todo aquello que estorba la oración. Si en verdad deseamos que nuestras oraciones lleguen al oído de Dios, examinemos nuestras vidas y hagamos los cambios necesarios para tener una vida de oración exitosa.

## CONCLUSIÓN

Con toda honestidad pidamos perdón y perdonemos para que nuestras oraciones no tengan estorbo. (*2Crónicas 7:14*) *"Si se humillare mi pueblo, sobre el cual mi nombre es invocado, y oraren, y buscaren mi rostro, y se convirtieren de sus malos caminos; entonces yo oiré desde los cielos, y perdonaré sus pecados, y sanaré su tierra"*. Este es un hermoso versículo para memorizar.

# AYUDAR A TU PRÓJIMO ES AYUDARTE A TI MISMO

*Marcos 10.42–43*

**Introducción:** Jesús instruyó a sus discípulos con palabras y con ejemplo para que aprendieran a servir. Jesús está caminando hacia Jerusalén. Una vez que llegue allí, será crucificado. Mientras tanto, Sus compañeros más cercanos compiten por puestos de autoridad e influencia; Jacobo y Juan le piden a Jesús tener posiciones de poder y autoridad en su Reino venidero, la madre de estos está involucrada en la situación. *(Marcos 10:35–45)* Los discípulos de Jesús no habían entendido aun los principios del reino.

ACTÍVATE

## I. AYUDAR A NUESTRO PRÓJIMO NO NOS QUITA, NOS ENRIQUECE.

A. A menudo dejamos de hacer favores a los demás porque estamos **demasiado** ocupados, como si temiéramos perder el tiempo. Pero ayudar a quienes se cruzan en nuestro camino, lejos de quitarnos algo, nos enriquece. El tiempo que inviertes en servir a otros no se desperdicia, sino que se transforma.

B. **Ayudando a tus semejantes te ayudas a ti mismo.** Como lo dice (*Proverbios 28:27*) *"El que da al pobre no tendrá pobreza; Mas el que aparta sus ojos tendrá muchas maldiciones.* En lo personal y en lo profesional, **la única manera de crecer es dándote a los demás.** Si quieres recibir, primero has de dar.

C. El ayudar a nuestro prójimo es algo que se aprende. Los buenos líderes sirven a las personas en su liderazgo para que estos florezcan.

   1. Quien quiere buscar servir a Dios, no es alguien que busca tener autoridad, es alguien que está dispuesto a dar lo mejor para los demás.

   2. Cuando aprendamos a hacer esto, Dios mismo nos ayudará en nuestra necesidad. (*Hebreos 6:10*) *"Porque Dios no es injusto para olvidar vuestra obra y el trabajo de amor que habéis mostrado hacia su nombre, habiendo ministrado y ministrando aún a los santos".*

D. Muchos piensan que la vida cristiana es solo un yugo pesado de mandamientos que hay que cumplir. Pero, cuando Dios nos dejó sus consejos, no fue con el propósito de hacer de nuestra vida una carga pesada.

Lo que Él tenía en mente era hacernos personas felices, prosperas y realizadas. Hoy, Dios quiere enseñarnos la vida cristiana desde otro punto de vista.

## LAS RECOMPENSAS POR AYUDAR A LOS AFLIGIDOS

A. *(Isaías 58:10-12)* habla de una promesa condicional. Esta es una promesa de las más bellas que podemos leer. Miremos en primer lugar la condición: *" Si dieres tu pan al hambriento y saciares al alma afligida". "en las tinieblas nacerá tu luz y tu oscuridad será como medio día". 11 Jehová te pastoreará siempre, y en las sequías saciará tu alma, y dará vigor a tus huesos; y serás como huerto de riego, y como manantial de aguas, cuyas aguas nunca faltan. 12 Y los tuyos edificarán las ruinas antiguas; los cimientos de generación y generación levantarás, y serás llamado reparador de portillos, restaurador de calzadas para habitar".* Vemos muy claro que Dios quería bendecirles.

B. Dios tiene en sus manos el poder. Él es el dueño de los cielos, de la tierra, del mundo, del oro, de la plata, y todo lo que hay en existencia. Cuando Dios da una promesa, la promesa se cumple; pero si ignoramos su condición, la promesa nunca llegará a ser nuestra. Leamos *(1Reyes 17:8-16); (Proverbios 19:17)*.

C. Cada vez que ayudamos al necesitado, abrimos las ventanas para que el sol ilumine cada rincón de nuestro corazón. Una vida centrada en sus propias necesidades está aprisionada en la oscuridad del egoísmo.

## II. UN RECUERDO PARA LAS MAÑANAS

A. En la mañana, antes de iniciar las actividades del día, recuerda: *"si dieres tu pan al hambriento, y saciares al alma afligida, en las tinieblas nacerá tu luz, y tu oscuridad será como el mediodía"*. Toma la iniciativa de hacer algo por los demás. Regala una sonrisa y una palabra amable de esperanza con los que tengas contacto, comenzando hoy.

B. Sal y visita al enfermo, lleva alegría a un asilo, se parte del algún Ministerio en tu Iglesia. Si quieres luz en medio de las tinieblas, has actos de bondad a quienes pueden valorar tu ayuda y apoyo.

C. Ayudar a los demás es ayudarse a sí mismo. "Una persona generosa de corazón es una persona rica, alegre, feliz y con buenos sentimientos en su corazón" *(Proverbios 11:25)* *"El alma generosa será prosperada; Y el que saciare, él también será saciado"*.

D. Cuando se da de corazón y sin esperar nada a cambio, el universo se abre y las oportunidades se multiplican. No podemos ser buenos cristianos, si no somos capaces de imitar a nuestro Maestro que siempre nos enseñó a servir y ayudar a nuestros prójimos.

E. Siempre he considerado que es más bendecido el que brinda ayuda que el mismos que la recibe.

   1. Para quien no entiende este principio, ayudar a otros será fastidioso y de carga pesada.
   2. Mas cuando se da de corazón y sin esperar nada a cambio, el universo se vuelve a su favor y las oportunidades se multiplican. Las posibilidades de ayudar a alguien son ilimitadas día tras día.

## CONCLUSIÓN

¿El ayudar a los necesitados es un estilo de vida en tu existencia? ¿Consideras una bendición el poder dar pan al hambriento y saciar al alma afligida? Oremos, Señor Pon en mi corazón la necesidad de ayudar a mi prójimo, hazme sensible a sus necesidades, Señor dame la oportunidad de hacer algo por otros dándoles bendición. Te lo pido en el nombre de Jesús Amén.

## ACTÍVATE

# ESTABLECIENDO METAS
# PERSONALES

*Romanos 12:2*

**Introducción:** Esta predica es acerca de tu potencial. Así que estoy muy entusiasmado. Dios te creó para ser único, especial, para ser como nadie más. Tienes una voz, una huella digital, un latido del corazón único. Dios no hace clones. El problema es que todos terminamos siendo una copia.

## I. ESTABLECER METAS ES UNA RESPONSABILIDAD

A. Establecer metas es una responsabilidad. En la Biblia, puedes encontrar ejemplos *(Filipenses 3:13-14)*. No puedo ir por la vida, a lo que caiga o que otras personas decidan por mí. Si no tienes metas, sólo estás viviendo a la deriva, y cuando estás a la deriva, siempre vas cuesta abajo.

B. Las metas son declaraciones de fe. Si eres un creyente y estableces una meta, lo que estás diciendo es, "Yo creo", esa es una declaración de fe. La Biblia dice *"Sin fe es imposible agradar a Dios."* Así que, si no tienes metas, no necesitas fe. Si voy por la vida sin metas, sin tomar ningún riesgo es que no tengo fe, estoy siendo infiel.

C. No pasará nada en tu vida hasta que empiezas a creer. La Biblia dice, *(Mateo 9:29) "Entonces les tocó los ojos, diciendo: Conforme a vuestra fe os sea hecho."* Te reto a que pongas una gran meta para tu vida y luego pases el resto de tu vida yendo tras ella.

## II. LAS METAS ENFOCAN MI ENERGIA

A. Otra razón para establecer metas es porque enfoca tu energía, también te alejan de perder el tiempo, y sentirte estresado. Si dispersas tu vida sobre un montón de cosas, no harás ningún impacto; pero si te enfocas, lograrás tus sueños. Recuerda que la luz difusa no tiene ningún poder.

B. En el mundo hay un montón de cosas para distraerte, pero no todo vale la pena. Pablo dice *(1 Corintios 9:26) "Yo no corro sin una meta ni peleo como los boxeadores que sólo dan golpes al aire."* Dice no estoy jugando, cuando lucho, lucho para ganar. Cuando corro, corro para ganar.

C. Las metas me ayudan a seguir adelante. Las metas me dan esperanza para persistir y soportar. ¿Qué haces cuando estás pasando por un infierno? sigues adelante. No hagas un hogar en el infierno. No te quedes allí ni acampes durante la noche.

D. ¡Si no tienes una meta en tu vida, no tienes realmente ninguna razón para levantarte de la cama! Excepto, tal vez para comer oh ir al baño. Pero realmente ¿Por qué vivir si no tienes ninguna meta en tu vida? Cuando no tienes metas te sientes sin fuerzas para seguir.

E. Todo el mundo tiene reveses. Todo el mundo fracasa, todos los que han tenido éxito en la vida han fallado; Si haces 99 cosas que no funcionan, sigue adelante porque el número cien funcionará.

F. Tú puedes haber venido desanimado. Tal vez te sientes decaído o con tristeza y dices: todo el mundo me odia, nadie me ama, nunca me voy a casar. Si estás desanimado esta semana, tienes que establecer algunas nuevas metas en tu vida.

## III. LAS METAS EDIFICAN MI CARÁCTER

A. El ir a la deriva no construye tu carácter. Si tienes una meta, entonces Dios dice, Yo puedo trabajar en ti. Pablo fue expuesto a toda clase de pruebas porque el plan que Dios tenía era grande.

B. El mayor beneficio para tu vida no es tanto cada logro; Dios está más interesado en tu carácter que en tus logros.

*1. (2 Corintios 11:24-29) "De los judíos cinco veces he recibido cuarenta azotes menos uno. 25 Tres veces he sido azotado con varas; una vez apedreado tres veces he padecido naufragio; una noche y un día he estado como náufrago en alta mar; 26 en peligros de ríos, peligros de ladrones, peligros de los de mi nación, peligros de los gentiles, peligros en la ciudad, peligros en el desierto, peligros en el mar, peligros entre falsos hermanos; 27 en trabajo y fatiga, en muchos desvelos, en frío y en desnudez; 29 ¿Quién enferma, y yo no enfermo?*

**ACTÍVATE**

2. *(Hechos 14:19-22) "Pero vinieron algunos judíos de Antioquía y de Iconio, y habiendo persuadido a la multitud, apedrearon a Pablo y lo arrastraron fuera de la ciudad, pensando que estaba muerto.* **20** *Pero mientras los discípulos lo rodeaban, él se levantó y entró en la ciudad.* **21** *Y después de anunciar el evangelio a aquella ciudad y de hacer muchos discípulos, volvieron a Listra, a Iconio y a Antioquía,* **22** *fortaleciendo los ánimos de los discípulos, exhortándolos a que perseveraran en la fe, y diciendo: Es necesario que a través de muchas tribulaciones entremos en el reino de Dios.*

C. Nunca llegarás a ser el hombre que Dios quiere que seas, a menos que te levantes y acciones. Dentro de diez años, no vas a estar en la iglesia, vas a tener todo tipo de problemas en tu vida. ¿Por qué? Porque nunca tuviste la intención de ser un hombre de Dios, porque vives un cristianismo casual.

## IV. LAS METAS SERÁN RECOMPENSADAS

A. Si tienes buenas metas, vas a ser recompensado en la tierra y vas a ser recompensado en el cielo. ¿Crees que Dios te puso en la tierra para hacer un montón de dinero y retirarte? ¿Ese será el propósito de la vida?

B. ¿Qué tipo de meta bendice Dios? Haciendo todo para honrar a Dios. Puedes limpiar la basura de tu casa, puedes trabajar en tu iglesia para honrar a Dios, puedes regalar un ramo de flores a tu esposa para honrar a Dios. *(1 Corintios 10:31) "Siempre que ustedes coman o beban, o hagan cualquier otra cosa, háganlo para honrar a Dios."*

C. Toda meta debe ser motivada por amor. (*1 Corintios 16:14*) *"Todo lo que hagan, háganlo con amor." "¡Qué el amor sea su meta más alta!* Dios nunca va a bendecir una meta motivada por la codicia, por la competencia, por la envidia, por el materialismo, ¡por ego o por orgullo!

D. Necesito a mis hermanos para alcanzar mis metas. No alcanzarás tus metas por tu cuenta; Yo no he podido alcanzar mis metas por mí solo, se necesita un equipo para cumplir un sueño. Por esta razón insistimos en que todos estemos en un grupo pequeño, pues una multitud no puede apoyarte. Pero Tres, cuatro, cinco personas si (*Eclesiastés 4:9-12*).

## CONCLUSIÓN

¿Cómo les llamas a tres personas que se reúnen?

Un grupo pequeño. Jesús dijo en (*Mateo 18:20*) Si todo lo que haces es venir a la iglesia y escuchar, no vas a ser transformado, ni vas a ser diferente. Pero si te unes a un grupo pequeño, Dios se compromete contigo y tu liderazgo. Gracias por todos aquellos que dan el paso de fe al liderazgo y que dan un paso de fe para abrir sus casas.

**ACTÍVATE**

# COMO MANTENER
## BUENAS RELACIONES
# CON LA GENTE

*1 Tesalonicenses 5:11*

**Introducción:** Es importante conocer el mensaje de la biblia porque muchos tienen dificultad en sus relaciones. Nuestra boca tiene el poder de dar vida y dar muerte, una palabra de aliento puede reanimarnos y ayudarnos a salir adelante. Pero también hablar una palabra destructiva puede ser lo único que se necesite para matar a una persona.

## ACTÍVATE

Una palabra de estímulo ayudará a las personas a sobreponerse al dolor y al sufrimiento. Mira a tú alrededor y se sensible ¿Quién de las personas que Dios ha colocado en tú vida necesita una palabra de ánimo, una llamada o una visita? ¡Hazlo y no esperes más! Anímalos en su caminar con Cristo. ¡Toda vida cristiana necesita palabras de ánimo, pues el camino es angosto y difícil de transitar!

### I. EL CLUB DE LOS HALAGOS

Para superar esta actitud tan importante, un maestro les hacía un examen a sus alumnos. La tarea del examen era esta: Cada día ustedes deben dar un halago sincero a tres personas distintas, ya sea a compañeros de trabajo, en la escuela o en su familia. Puede aumentar ese número si desean, pero para pasar el examen deben alagar por lo menos a tres personas diariamente durante treinta días….

Cuando alguien habla de esto algunas personas se resisten a la tarea. Unos se quejan de que no saben que decir a la gente y otros tienen miedo a ser rechazados, algotros piensan que es deshonesto halagar a una persona que no les cae bien.

A. Supongamos que nos encontramos con alguien que nos disguste ¿No sería hipócrita elogiar a un enemigo? No. Halagar a su enemigo no es falta de sinceridad, el halago es una declaración honesta de reconocimiento por algún rasgo o merito que tiene y que merece elogio.

B. Nadie carece por completo de virtudes. Su elogio puede servir para levantar la moral a personas que están casi resignadas y a punto de abandonar la lucha. Ustedes no saben si su halago llegará al corazón de un niño o una niña, a un hombre o a una mujer en el momento más crítico, que están por darse por vencidos.

C. Aquellos estudiantes descubrieron, que los halagos sinceros tenían un efecto positivo en las personas que les rodeaban a diario, y un efecto aun mayor en los estudiantes mismos.

1. La joven Luisa, después de ser una persona estresada y muy apartada, se convirtió en una apersona verdaderamente sociable que alegraba cualquier sitio al que llegaba.

2. Otra estudiante, estaba a punto de renunciar a su trabajo como secretaria debido a un jefe que le causaba muchos problemas, ella empezó a halagarlo, aunque le costó mucho al principio. No solo cambió la actitud hacia ella, sino que desapareció la desesperación de ella hacia él. Terminaron gustándose y casándose.

3. El club de los halagos pudiera parecer a muchos un poco cursi en la actualidad, pero sus principios fundamentales son tan validos hoy, como lo fueron en los años apostólicos.

## II. EL PRINCIPIO DEL ASCENSOR

A. Podemos elevar a las personas, darles ánimo, aliento, esperanza o llevarlas al suelo en nuestras relaciones. *(Proverbios 12:18) "Hay hombres cuyas palabras son como golpes de espada; Mas la lengua de los sabios es medicina". (Proverbios 5:11) "Manzana de oro con figuras de plata Es la palabra dicha como conviene".* En cuántas ocasiones quizás usted mismo ha estado pasando por dificultades y alguien en lugar de darle una palabra de ánimo le ha dejado peor.

B. El mundo se muere por falta de ánimo, pero alguien debe poner a rodar el balón y ser el primero en comunicar mensajes positivos a sus semejantes.

*(Mateo 5:14-16) "Vosotros sois la luz del mundo; una ciudad asentada sobre un monte no se puede esconder. Ni se enciende una luz y se pone debajo de un almud, sino sobre el candelero, y alumbra a todos los que están en casa. Así alumbre vuestra luz delante de los hombres, para que vean vuestras buenas obras, y glorifiquen a vuestro Padre que está en los cielos."*

C. Dios nos ha puesto para levantar, para edificar, ayudar y no para condenar. Quien debería haber condenado a María Magdalena fue Jesús, pero él lo dejo claro; no vine a condenar al mundo vine a salvar al mundo. Los fariseos estaban prestos para condenar y apedrear, pero Jesús está presto para levantarla y restaurarla; ahí estuvo el secreto del éxito de Jesús y ese puede ser nuestro secreto.

D. Cada hombre tiene el derecho de ser valorado por sus mejores cualidades y momentos.

## III. DIEZ COSAS QUE DEBEMOS SABER ACERCA DE LAS PERSONAS.

1. La gente es insegura… Dale confianza.

2. La gente quiere sentirse especial…Elogie sinceramente.

3. La gente busca un mejor mañana… Muéstrales esperanza.

4. La gente quiere ser comprendida… Escúchalos.

5. La gente busca dirección…Guíales.

6. La gente es egoísta… Habla de sus necesidades primero.

7. La gente se siente mal emocionalmente… Anímales.

8. La gente quiere asociarse con el éxito… Ayúdala a triunfar.

9. La gente desea relaciones significativas… Provee una comunidad para ellos.

10. La gente busca ejemplos a seguir… Se un ejemplo.

## CONCLUSIÓN

En Cristo, nosotros podemos tener todos estos recursos para así poder ayudar a la humanidad caída. *(Efesios 4:7-8) "Pero a cada uno de nosotros fue dada la gracia conforme a la medida del don de Cristo. Por lo cual dice: Subiendo a lo alto, llevó cautiva la cautividad, Y dio dones a los hombres."* El anhelo de Dios es usarnos para atraer a las multitudes a su presencia. Llévales el aliento, llévales la palabra, llévales esperanza, llévales la medicina de Dios. Somos sus embajadores, somos esa voz que clama en el desierto. Busquemos tener buenas relaciones con nuestro prójimo y así ganaremos su confianza. *(2Corintios 1:3-4) Bendito sea el Dios y Padre de nuestro Señor Jesucristo, Padre de misericordias y Dios de toda consolación, 4 el cual nos consuela en toda tribulación nuestra, para que nosotros podamos consolar a los que están en cualquier aflicción.*

## ACTÍVATE

# EL CARACTER DILIGENTE

*(Romanos 12:11)"En lo que requiere diligencia, no perezosos; fervientes en espíritu, sirviendo al Señor". No seas perezoso en el trabajo; sirve al Señor con entusiasmo. Esfuércense, no sean perezosos y sirvan el señor con corazón ferviente. (2Timoteo 2:15) Procura con diligencia presentarte a Dios aprobado, como obrero que no tiene de qué avergonzarse, que usa bien la palabra de verdad.*

**Introducción:** La frece diligente significa: Cuidadoso, activo, pronto, presto, y ligero en obrar. Las personas diligentes son las menos estresadas, menos enfermizas, menos problemáticas. A estas jamás se les cierra el mundo. La pereza es una enfermedad altamente contagiosa.

## ACTÍVATE

## I. DIOS USA A LOS DILIGENTES

A. La diligencia es mencionada en el libro de Proverbios y lo cierto es que la diligencia es algo muy bueno y saludable para nosotros: *"La mano negligente empobrece; más la mano de los diligentes enriquece" (Proverbios 10:4).* Este proverbio nos dice que los que trabajan de forma diligente cosecharán un buen resultado, pero los que se niegan a trabajar con diligencia sufrirán las consecuencias.

B. La pereza es improductiva. Los perezosos son a quienes Dios no utilizará. Los siervos DILIGENTES siempre tratan de aprovechar toda oportunidad que se les presente para el avance de la obra. En la obra del Señor no hay lugar para la pereza. Cuando se presente a la casa de Dios, debe traer siempre el buen deseo de servir. A veces para el mundo somos diligentes, pero, ¿para Dios? ...

## II.- LOS APÓSTOLES, SIERVOS DILIGENTES

A. En el Nuevo Testamento, nos gozamos con la obra de los apóstoles. No vemos en ellos pereza alguna; no desperdiciaban el tiempo ni desaprovechaban ninguna oportunidad para servir al Señor.

1. Pablo escribió a Timoteo: *"Que prediques la Palabra; que te mantengas preparado a tiempo y fuera de tiempo; convence, reprende, exhorta con toda paciencia y doctrina" (2 Timoteo 4:2).*

2. Todo cristiano que desea servir al Señor, tiene que laborar a tiempo y fuera de tiempo. Que oportunidad tan hermosa Dios nos da en los grupos pequeños.

A. Pensemos por un momento en la enorme cantidad de trabajo que Pablo llevó a cabo; necesitaríamos muchísimos años de esfuerzo para efectuar una décima parte de lo que Pablo realizó.

1. Viajaba constantemente predicando el evangelio y discutiendo el contenido de la Palabra. Aun estando en la cárcel no desperdiciaba su tiempo. Las paredes de la prisión pudieron reducir sus movimientos, pero no el ministerio de la Palabra, porque desde ahí se escribieron las más poderosas epístolas.

B. Pablo era DILIGENTE; no había ningún tipo de pereza en él. Las epístolas que expresan la cumbre de la revelación espiritual, Pablo las redactó desde una celda maloliente y limitada. Pablo fue un líder incansable *en trabajos y fatigas, en muchas noches de desvelo, en hambre y sed, con frecuencia sin comida, en frío y desnudez. (2 Corintios 11:27)*

## III. ¿QUÉ DICE LA BIBLIA ACERCA DE LA PEREZA?

A. La Biblia tiene mucho que decir acerca de la pereza. Los Proverbios especialmente, están llenos de advertencias a acerca de la pereza.

1. La persona perezosa aborrece el trabajo: *"El deseo del perezoso le mata, porque sus manos no quieren trabajar." (Proverbios 21:25);*
2. Al perezoso le encanta dormir: *"Como la puerta gira sobre sus quicios, así el perezoso se vuelve en su cama." (Proverbios 26:14);*
3. El perezoso desperdicia tiempo y energía: *"También el que es perezoso en su trabajo es hermano del que destruye." (Proverbios 18:9);*
4. El perezoso va rumbo a la pobreza: *"El perezoso no*

## ACTÍVATE

*hará a causa del invierno; pedirá, pues, en la siega, y no hallará." (Proverbios 20:4) ;( Proverbios 6:6-11)» Mira la hormiga, perezoso, observa sus caminos y sé sabio: 7 Ella, sin tener capitán, gobernador ni señor, 8 prepara en el verano su comida, recoge en el tiempo de la siega su sustento. 9 Perezoso, ¿hasta cuándo has de dormir? ¿Cuándo te levantarás del sueño? 10 Un poco de sueño, dormitar otro poco, y otro poco descansar mano sobre mano: 11 así te llegará la miseria como un vagabundo, la pobreza como un hombre armado.* **De modo que no hay lugar para la pereza en la vida cristiana.**

B. El perezoso deja todo para mañana, y aunque la tarea pueda realizarse en un día, la persona procurará tardarse diez días, o tal vez uno o hasta tres meses.

El perezoso con trabajo se baña, no se afeita, su casa está como abandonada, todo lo hace a lo último y a las carreras. Le cortan la luz, el gas, la aseguranza, se le cae el techo y casi siempre las placas las tiene vencidas etc...

C. Muchos hermanos no son útiles en el servicio de Dios debido a que les tienen miedo a las responsabilidades. Siempre esperan tener menos responsabilidad, o ninguna si es posible.

D. El apóstol Pablo dijo: *"Vosotros mismos sabéis que para lo que me ha sido necesario a mí y a los que están conmigo, estas manos me han servido". (Hechos 20:34).* Pablo trabajaba de día y de noche. Usted que ha abandonado su grupo sabe muy bien delante de Dios que, sí puede hacerlo, pero usted no quiere, porque tiempo si hay, y si no lo hay se busca.

## IV. LA DILIGENCIA, LO OPUESTO A LA PEREZA

A. Si no practicamos la diligencia, nunca encontraremos nuestro ministerio. Pregúntale hoy al Señor: "¿Qué trabajo tienes para mí?" y manos a la obra.

1. La persona diligente no retrocede ante la responsabilidad.

2. El diligente no busca reducir su trabajo.

3. El diligente no espera a que el trabajo se presente. Si ésa es nuestra actitud "no somos diligentes".

4. El diligente nunca está desocupado; siempre está planeando, orando y consultando sobre lo que debe hacer.

B. La pregunta del Señor a los discípulos: *No decís vosotros: ¿Aún faltan cuatro meses para que llegue la siega? He aquí os digo: Alzad vuestros ojos y mirad los campos, porque ya están blancos para la siega."* (Juan. 4:3 5). A los ojos de los discípulos todavía faltaban cuatro meses para la siega, pero a los ojos del Señor, la siega ya había llegado. Según el hombre hay que esperar, pero según Dios, hoy es el momento de actuar.

## CONCLUSIÓN

Sin DILIGENCIA no somos útiles. Aquél que no tiene disposición para servir, no es apto para la obra de Dios, aunque se sepa de memoria la doctrina de Cristo. Lo poco que usted tenga, en las manos de Dios llegará a ser mucho; Lo mucho que tenga, sin usarlo para Dios se le desvanecerá.

## ACTÍVATE

*(Juan 4:23) "Si alguno tiene oídos para oír, oiga.... 25 Porque al que tiene, se le dará; y al que no tiene, aun lo que tiene se le quitará." (Mateo 25, 14-30) "Porque al que tiene se le dará más y tendrá de sobra; pero al que no tiene, se le quitará hasta lo que tiene. Y a ese servidor inútil échenlo fuera, a las tinieblas. Allí será el llanto y la desesperación'."*

# DESARROLLANDO UNA ACTITUD DE VENCEDOR

*Romanos 8:37*

**Introducción:** La **actitud,** es la forma de actuar de una persona, es el comportamiento que emplea un individuo para hacer las cosas. La actitud es lo mejor o peor de nuestro yo. Es nuestra mejor amiga o nuestra peor enemiga. Es más clara que nuestras palabras. La actitud es algo que atrae o aleja a la gente de nosotros; Es algo que necesitamos todo el tiempo.

## I. LA CREACIÓN DEL HOMBRE

A. Dios nos creó con las condiciones perfectas para ser ganadores, no fracasados. Nos formó con todas las condiciones para salir adelante por encima de las circunstancias, cualesquiera que sean. *(Genesis 2:7)* Solo Dios puede dar vida al hombre, él puede darle vida a tu matrimonio, vida a tu alma. *(Eclesiastés 7:29)*

B. Lamentablemente la condición de pecado degeneró al humano y le lleva a dejarse dominar por los pensamientos de derrota sembrados por el enemigo. Esta es su forma de atacar nuestro presente y futuro, sembrando pensamientos de fracaso.

## II. LA FORMA CORRECTA DE ENFRENTAR LAS CIRCUNSTANCIAS

A. Alcanzamos un alto nivel de liderazgo cuando aceptamos la actitud correcta. Por ejemplo, cuando tomamos la actitud correcta hacia Dios, hacia nosotros mismos y hacia nuestro prójimo. El Señor habló de la importancia de poner en orden nuestro mundo interior *(Lucas 6:45). El hombre bueno…*

B. Cuando alguien comienza una relación diciendo: ¡No sé si balla funcionar! Dirá lo mismo quizá al tomar una célula, o el camino al cielo. Pablo fue un hombre que enfrentó muchos obstáculos, pero él se decía así mismo: *(Romanos 8:38-39) "Por lo cual estoy seguro de que ni la muerte, ni la vida, ni ángeles, ni principados, ni potestades, ni lo presente, ni lo por venir, 39 ni lo alto, ni lo profundo, ni ninguna otra cosa creada nos podrá separar del amor de Dios, que es en Cristo Jesús Señor nuestro".*

C. La verdadera transformación comienza desde nuestro mundo interior. La actitud que usamos al iniciar una relación, un proyecto, una tarea determina si lo concluiremos o lo dejaremos a medio terminar. Un ejemplo está en las dos actitudes que asumieron los 12 espías enviados a reconocer la tierra. *(Números 13:27-33)*

D. Nuestra actitud determina si convierto los problemas en gigantes o en oportunidades de bendición. La actitud determina si soy vencedor o un fracasado. Todo depende de lo que guardamos en el corazón *(Proverbios 4:23)*

E. Nuestra actitud determina si somos felices con lo que tenemos, o vivimos infelices con lo que no tenemos. *(Eclesiastés 2:11), (1Tim.6:8-11) "Miré yo luego todas las obras que habían hecho mis manos, y el trabajo que tomé para hacerlas; y he aquí, todo era vanidad y aflicción de espíritu, y sin provecho debajo del sol"*

## III. LAS MALAS ACTITUDES PUEDEN CAMBIAR CON EL PODER DE LA PALABRA

A. Nuestras actitudes malas cambiarán cuando decidamos cambiar nuestros pensamientos. Nadie me obligará a hacerlo, pero Dios me aconseja hacerlo. *(Deuteronomio 30:19)*

B. Nuestras actitudes deben ser sometidas a un ajuste constante, *(Filipenses 4:8)* Nuestras actitudes son contagiosas. *(Números 14:37-38) "Y aquellos varones que habían hablado mal de la tierra, murieron de plaga delante de Jehová. 38 Pero Josué hijo de Nun y Caleb hijo de Jefone quedaron con vida, de entre aquellos hombres que habían ido a reconocer la tierra".*

## ACTÍVATE

C. Si encuentra una persona negativa, e inconforme, se dará cuenta que todo su alrededor es contagiado, en especial sus hijos. *(2Corintios 10:5) "derribando argumentos que se levanta contra el conocimiento de Dios, y llevando cautivo todo pensamiento a la obediencia a Cristo",*

D. Mire a su alrededor. Analice la conversación de la gente que vive infeliz y los oirá protestar contra una sociedad que solamente les da una vida de problemas, miseria y mala suerte. Muchos han construido la cárcel del descontento con sus propias palabras.

E. Pablo tenía un terrible pasado. Pero luego de su conversión vivió agradecido con Cristo. *«Pero una cosa hago: olvidando ciertamente lo que queda atrás, y extendiéndome a lo que está adelante, prosigo a la meta, al premio del supremo llamamiento de Dios en Cristo Jesús» (Filipenses 3.13, 14).* Egipto quedó atrás, el perseguidor y el asesino quedaron atrás.

  1. Nuestra actitud hacia la vida determina lo que nos sucede.

F. ¿Por qué se pierden clientes en los negocios?: El 68% ¡Por la actitud pésima de algunos empleados! La actitud que tengamos al comenzar una tarea, afectará su resultado más que cualquier otra cosa. Casi siempre nuestra actitud es la única diferencia que hay entre el éxito y el fracaso.

G. Nuestra actitud puede convertir nuestros problemas en Bendiciones. Ejemplo: Cuando Goliat vino contra Israel, los soldados pensaron: Es tan grande que jamás podremos matarlo. David miró al mismo gigante y pensó, Es tan grande que no puedo fallar.

1. Nuestra actitud no es automáticamente buena por el solo hecho de ser cristianos.

H. Casi siempre pasamos por alto el verdadero significado de la historia del hijo pródigo. *(Lucas 15:28-30)*. Olvidamos que no tenemos uno pródigo sino dos. El hermano más joven era culpable de los pecados de la carne, mientras que el hermano mayor era culpable de los pecados del espíritu (actitud). Cuando la parábola se lee, es el hermano mayor el que está afuera de la casa del padre. Una actitud equivocada mantuvo al hermano mayor lejos de su padre, del amor de su hermano, y de la alegría de los criados. Las actitudes equivocadas en nuestras vidas bloquearán las bendiciones de Dios, y nos harán vivir por debajo del potencial de Dios para nosotros.

## IV. ACTITUDES QUE DEBEMOS POSEER COMO CRISTIANOS

A. En *(Filipenses 2.3–8)* Pablo habla de las actitudes que debemos poseer como cristianos: *"Nada hagáis por contienda o por vanagloria; antes bien con humildad, estimando cada uno a los demás como superiores a él mismo; no mirando cada uno por lo suyo propio, sino cada cual también por lo de los otros. Haya, pues, en vosotros este sentir que hubo también en Cristo Jesús, el cual, siendo en forma de Dios, no estimó el ser igual a Dios como cosa a qué aferrarse, sino que se despojó a sí mismo, tomando forma de siervo, hecho semejante a los hombres; y estando en la condición de hombre, se humilló a sí mismo, haciéndose obediente hasta la muerte y muerte de cruz".*

B. Pablo menciona cinco cosas sobre la actitud adecuada:

1. Hacer las cosas por las razones correctas *(v. 3)*.

2. Considerar a los demás como más importantes que nosotros *(v. 3)*.

3. Velar por el interés de los demás *(v. 4)*.

4. Cristo reconoció su posición de hijo y por eso quería servir a Dios y a los demás.

5. Poseer la actitud de Cristo, que no estaba hambriento de poder *(v. 6)*.

6. Cristo se despojó a sí mismo y tomó forma de siervo *(v. 7- 8)*

C. La historia del hijo mayor nos enseña que es posible servir a Dios y sin embargo no estar en comunión con Él; es posible ser un heredero de todo y sin embargo tener menos gozo y libertad que los que no tienen nada. Los criados estaban más felices que el hijo mayor, comieron, rieron y bailaron, mientras este se quedó afuera reclamando sus derechos.

## CONCLUSIÓN

Dios nos concedió el privilegio de tomar elecciones. Todo depende de la opción por la que nos inclinemos. El apóstol Pablo enseñó a los creyentes del primer siglo y también a nosotros que es posible cambiar nuestra forma de pensar y por ello nuestras actitudes. Para ello, Pablo instruye sobre la importancia y necesidad de evitar pensamientos dañinos, que anidan en el corazón y desatan comportamientos errados, de fracaso. *(Romanos 12:2)*

# LA IMPORTANCIA DE ESTABLECER METAS

Parte 1

*Fil.3:13-14, Isa.54:2-3*

**Introducción:** Desde la vida personal hasta la profesional, las metas ayudan a las personas a conseguir lo que quieren. Por lo tanto, definirlas es importante para saber exactamente qué debes hacer para así lograr lo que anhelas.

## ACTÍVATE

## I. LAS METAS SON PEQUEÑOS OBJETIVOS PLANEADOS

A. Si usted desea ser una persona sobresaliente tendrá que aprender este principio, de otra manera será uno más del montón, la mayoría hemos experimentado que cuando no tenemos metas somos un desastre. Quizá por eso antes de venir a Cristo muchos de nosotros casi no pudimos lograr nada.

B. Las metas son fundamentales para el desarrollo de toda iglesia y de toda persona. Hay metas a corto plazo **y** metas a largo plazo. Cuando un individuo o grupo tienen un sueño, de inmediato comienzan a establecer metas y es a partir de éstas, que darán paso a la motivación de quienes lo realizarán.

C. Todo ser humano debe trabajar con metas específicas: Las metas de cada persona deben se planeadas anticipadamente y deben mostrar con claridad el tiempo específico en que se llevará a cabo lo planeado. Si no hay metas no hay desarrollo. Cuando no tenemos metas solamente nos pasamos dando vueltas para terminar el día estresado.

D. Las metas deben ser metas, que impartan visión y motivación. Debe ser una meta alcanzable, una meta que nos desafía a estirarnos.

E. Una meta es un acto de fe, y Dios respalda esa fe. La meta de Nehemías fue edificar los muros de Jerusalén. (*Nehemías 2:18-19*) *"Entonces les declaré cómo la mano de mi Dios había sido buena sobre mí, y asimismo las palabras que el rey me había dicho. Y dijeron: Levantémonos y edifiquemos. Así esforzaron sus manos para bien."*

## II. LA META TRAE CRECIMIENTO Y PROPÓSITO A LA PERSONA

A. Una persona, un líder que no establece metas es como un avión sin piloto. Una célula sin metas, es una célula sin dirección que sólo se reúnen para convivir. Las metas vienen a ser el principio fundamental para lograr nuestros sueños.

B. Las metas en un grupo por lo menos deben establecerse en tres áreas:

1. **Metas numéricas:** Es necesario establecer metas de cuántas personas espera semanal o mensualmente en cada célula, haciendo esto se evita el estancamiento.

2. **Meta de multiplicación:** No nos olvidemos que, para obtener multiplicación, se necesita la evangelización para ganar al mayor número de gente.

   - Entre todos nosotros debe circular esta expresión "Un cristiano debe formar a otro cristiano."
   - Un nuevo convertido será un nuevo miembro de nuestra célula.
   - Una célula en crecimiento alcanzará a más perdidos.

3. **Metas de bautismos:** Debemos entender bien, que el sistema celular no es un sistema solo para llenar la iglesia de personas sino para alcanzarlas, llevarlas a los pies de Cristo, bautizarlos en su nombre, para que finalmente terminen siendo lideres de grupo.

**ACTÍVATE**

C. La biblia dice que el que gana almas es sabio. *(Proverbios 11:30)* Es sabio porque es la tarea más importante de todo el universo y es la que más agrada y da alegría a Dios. *(Lucas 15:7)* *"Os digo que así habrá más gozo en el cielo por un pecador que se arrepiente, que por noventa y nueve justos que no necesitan de arrepentimiento". (Santiago 5:20) "Sepa que el que haga volver al pecador del error de su camino, salvará de muerte un alma, y cubrirá multitud de pecados".*

### III.  ¿POR QUÉ FALLAN LAS METAS?

A. Cada meta debe ser establecida de acuerdo con la realidad y las condiciones que se están viviendo. No ponga metas que excedan la situación, pues, esto en lugar de ser un paso de fe se convertirá en un desaliento para las personas.

B. Las metas pueden Fallar cuando se lanza la Visión, pero no se buscan las herramientas para alcanzarla. Las personas que cumplen sus metas son aquellos que piensan constantemente en cómo cumplirlas. Son personas con sueños, pero no flojos, tienen sueños, pero también acción, de otra manera no se realizarán las metas deseadas.

- Tenga metas, pero tenga un plan para realizarlas. Un ejemplo: Si usted piensa ir a Nueva york, buscará un buen mapa, que le guíe en la dirección, tampoco se olvida conseguir el dinero para el combustible.

C. Las Metas pueden Fallar *cuando hay falta de motivación.* En cada oportunidad disponible debemos de motivarnos para que se cumpla lo establecido.

1. Debe recalcarlo en su mente, escribirlo en las paredes, anunciarlo en los hogares y mencionarlo en sus visitas. Hablarlo aumenta la fe.

2. Si una célula está en rojo, el líder y todo el grupo debemos motivarnos a la oración. Y si por algún motivo no se viene a la iglesia por problemas de trabajo, trate de escuchar el mensaje por el internet para que no se vaya a enfriar en su comunión con Dios.

## CONCLUSIÓN

Aquellos que se motivan constantemente, son los que alcanzan con más facilidad sus metas. Los que no logran motivarse, todas sus metas quedan en el olvido.

*Obviamente que la oración es fundamental.* Por esto, les motivo a todos a la oración. Que busquemos fervientemente lo sobrenatural. Lo que nosotros no podemos hacer, Él lo puede hacer atreves de la oración. Sólo Dios es quien puede hacer que los corazones sean quebrantados, sólo Dios lo hace. Por esto debemos depender de la oración. Oremos hoy para que Dios nos amplíe la visión y nos dé la victoria.

**ACTÍVATE**

# LA IMPORTANCIA DE ESTABLECER METAS

Parte 2

*Filipenses 3:13-14*

**Introducción**: Hoy quiero hablarles de metas. Una meta es un objetivo específico que se pretende alcanzar en un tiempo específico. Hay metas a corto plazo, metas a largo plazo, metas personales, metas de crecimiento espiritual, metas financieras, relacionales y metas de crecimiento numérico. Una de las características de las iglesias celulares sobresalientes es que fijan metas de crecimiento. Dios tiene metas con cada iglesia.

## ACTÍVATE

### I. LAS PERSONAS SIN METAS VIVEN A LA DERIVA

A. Las personas sin metas están a la deriva, por ello ninguna persona tiene que vivir sin dirección. El 70% de las personas no tienen metas. Establecer metas sirve para enfocarnos, las metas te dan energía; Sin una meta clara las personas se mueven a la deriva.

B. Las **metas te mantienen motivado,** mejoran la productividad y la autoestima. Cuando la meta es fijada, el camino se aclara. Las metas nos empujan y nos sacan del estancamiento. Cuando yo no planeo nada ¿Qué cree que sucederá?

C. El primer mandato de la humanidad fue: (*Génesis 1:28):* "*Y los bendijo Dios, y les dijo: Fructificad y multiplicaos; llenad la tierra, y sojuzgadla*".

### II. LA VISIÓN QUE DIOS DIO A PABLO.

A. *(Fil. 3:13-14)* ¿Cuál fue la meta de Pablo? predicar el evangelio. Esto lo entendió desde su primer encuentro con el Señor, *(Hechos 26:16-20)* "*Pero levántate, y ponte sobre tus pies; porque para esto he aparecido a ti, para ponerte por ministro y testigo de las cosas que has visto, y de aquellas en que me apareceré a ti, librándote de tu pueblo, y de los gentiles, a quienes ahora te envío, ... para que abras sus ojos... para que se conviertan de las tinieblas a la luz, y de la potestad de Satanás a Dios... para que reciban, por la fe que es en mí, perdón de pecados y...herencia entre los santificados. Por lo cual, oh rey Agripa, no fui rebelde a la visión celestial. sino que anuncié primeramente a los que están en Damasco, y Jerusalén, y por toda la tierra de Judea*".

B. Pablo pudo haber terminado su carrera como muchos de nosotros rindiéndose a las primeras. Él anunció el evangelio en Damasco, en Jerusalén, en Roma, en Asia, en Judea y entre los gentiles."

C. De igual manera los apóstoles recibieron el mismo mensaje *(Hechos 1:7-8, Marcos16:15, Mateo 28:19)* Yo creo que Dios tiene una meta con cada uno de nosotros. *(Hechos 16:9-10) "Y se le mostro a Pablo una visión de noche: un varón macedonio estaba en pie, rogándole y diciendo: Pasa a Macedonia y ayúdanos. Cuando vio la visión, en seguida procuramos partir para Macedonia, dando por cierto que Dios nos llamaba para que anunciásemos el evangelio. Por lo cual, oh rey Agripa, no fui rebelde a la visión celestial".*

D. Nuestra meta debe ser la salvación de los perdidos. Esa es Su voluntad absoluta. Tome esta verdad para ver el crecimiento de su congregación, de su grupo o sus grupos. A mayor multiplicación de grupos, mayor número de perdidos alcanzados.

### III. ¿QUÉ HACER PARA QUE UNA META SE CUMPLA?

A. Primeramente, establezca la meta. Nunca debe dejar pasar el tiempo sin establecerlas. Cada meta es un desafío para un tiempo específico. Es importante que no ponga metas demasiado elevadas. Es fácil caer en un extremismo y decir porque tengo mucha fe en Dios. Establezca metas razonables, y alcanzables, luego aplicar las habilidades necesarias para ir avanzando en su cumplimiento.

# ACTÍVATE

- Una vez establecida la meta, el líder debe comenzar a motivar a los miembros de su célula. Debe asignar tareas en su equipo y el tiempo para alcanzarlas, debe también revisar periódicamente que los miembros de su célula estén trabajando en su asignación.

B. Aclare el camino. Que cada líder sepa a dónde va y cuál es el camino para seguir.

C. Establezca una fecha específica. Una meta sin una fecha para ser alcanzada no constituye ninguna meta. Es necesario establecer el tiempo para alcanzarla.

1. Una encuesta demostró que es mucho más probable que los líderes que establecen una fecha para multiplicar lo logren, que aquellos que no poseen una fecha fija.

2. Seguramente que es la voluntad de Dios que los grupos en las casas se multipliquen, pero es necesario establecer una fecha para esa multiplicación.

3. El pastor David Cho escribió sobre este tema: "Muchos me critican por dar metas a nuestros líderes y esperar que ellos las cumplan. Pero si no se les da una meta, no tienen ningún propósito para continuar con la célula". Muchos no desean establecer metas.

4. "Un montón de iglesias están fallando en su sistema celular porque no se les da a sus miembros una meta clara, ni un recuerdo constante de ella. Si no tienen una meta, se reúnen simplemente para convivir".

5. Un líder dijo: es que la gente no coopera, no me apoya, nadie quiere abrir su casa; precisamente ahí es donde se solicita la fe. Porque la fe es la certeza... Y lo que no se hace con fe es pecado.

D. Invitaciones semanales. Otra encuesta muestra que los líderes que semanalmente animan a sus miembros a traer nuevos invitados duplican su capacidad de multiplicación; en contraste con los que mencionan el tema sólo de vez en cuando o nunca.

1. La multiplicación se logrará al recordarles constantemente que el objetivo de la célula es la multiplicación.

## IV. ¿QUÉ PASOS DEBO SEGUIR DESPUÉS DE ESTABLECER MIS METAS?

A. Una vez establecidas deben ser anunciadas como un desafío que la iglesia alcanzará. Se debe colocar en un lugar visible la meta escrita en letras grandes de manera que sea un recordatorio permanente para la iglesia y para los miembros del grupo. (*Habacuc 2:2*) *"Y Jehová me respondió, y dijo: Escribe la visión, y declárala en tablas, para que corra el que leyere en ella"*.

1. Mientras más visible sea el letrero, más perseverancia es la que el líder está poniendo en el trabajo celular.

2. Algunas iglesias celulares acostumbran a poner sus metas por escrito al frente, junto al púlpito. Reforzando visualmente la meta que se requiere alcanzar.

B. Obviamente una meta solo escrita no es suficiente. El Pastor o el líder debe mencionar la meta siempre que sea oportuno. Debe guiar en oración a la iglesia por el alcance de la meta. Y debe inyectar fe a los presentes para cumplir la meta hasta lograr que cada miembro haga suya la visión y ponga el empeño necesario por alcanzar.

C. Yo creo que, si la meta es conforme a la voluntad de Dios, Él te llenará de motivación para cumplirla. Pero si nuestras metas están basadas solo *en nuestra comodidad,* debes de invertir tus prioridades porque eso es egoísmo. No es malo que tengas deseos de progresar y vivir más cómodo, pero si tu principal motivo es hacer su voluntad, Dios te dará lo que necesitas.

D. ¡Motivación y metas correctas generarán un "boom" en tu vida espiritual y tu vida personal! *Joven, líder, pastor, fija tus metas espirituales y tus metas personales, luego preséntalas* a *Dios, ¡SUEÑA, ORA Y ACCIONA!*

## CONCLUSIÓN

Espero que esta lección le inspire a fijar metas para su vida espiritual y personal. (*Salmos 37:4-5*)

Establecer metas nos da un propósito y nos ayuda a mantenernos motivados a lo largo del camino. Facilita medir nuestro progreso y mejorar nuestra productividad, nos da una razón para trabajar duro y un propósito para cada acción que tomamos. Sin metas, puedes sentirte perdido o sin dirección, lo que puede llevar a la indecisión, y al fracaso.

# DETERMINATE A TRATAR CON LA GENTE

*"Porque ejemplo os he dado, para que como yo os he hecho, vosotros también hagáis." (Juan 13:15)*

**Introducción:** Nadie ejemplificó la habilidad de tratar con la gente mejor que Jesucristo mismo. Porque las personas eran Su pasión. Él ministraba a sus necesidades donde quiera que Él las encontrara. Si usted no se puede relacionar con la gente, ellos no le van a seguir. Los líderes efectivos no se enfocan en ellos mismos ni en su propio éxito. (Filipenses 2:3-4).

## ACTÍVATE

## I. LAS RELACIONES NO ESTÁN LIMITADAS SOLO A TU CÍRCULO DE AMIGOS

A. En *(Lucas 10:30-37)* Jesús enseñó que las relaciones y el ministerio no están limitados a su círculo religioso. Jesús enseñó que las relaciones con otros son más importantes que muchas actividades espirituales que practicamos *(Mateo 5:23-24)*.

B. Tres verdades acerca del liderazgo y la gente.

1. Las personas son el más precioso tesoro de la iglesia *(Mat.16:26)*.
2. La tarea más importante de un líder es la habilidad de tratar con las personas.
3. Usted puede tratar con las personas, pero no puede ser un buen líder sin tener amor por ellas.

C. Tres maneras en las que el hombre fue tratado. Lo que nos separa de todas las religiones del mundo son las relaciones, Jesús habló del más grande mandamiento, *"Ama al Señor con todo tu corazón, mente, alma y fuerza" y "y a tu prójimo como a ti mismo" (Mateo 22:37)*.

1. LOS LADRONES lo miraron como una víctima para explotar.
2. LOS SACERDOTES lo miraron como un problema para evitar.
3. EL SAMARITANO lo miró como un alma para ayudar.

## II. LO QUE CADA LÍDER DEBE SABER ACERCA DE LAS PERSONAS.

1. La mayoría de las personas son inseguras.

DELES CONFIANZA. Un ambiente de seguridad da gente segura. *"Busquemos la manera de ayudarnos unos a otros a tener más amor y a hacer el bien."* *(Hebreos 10:24).*

2. A las personas les gusta sentirse especiales. HÓNRELAS. Vaya más allá de simple gratitud y hable personalmente con ellos. *"Manzana de oro con figuras de plata Es la palabra dicha como conviene. (Prov.25:11).* Nunca cometa el error de separar el liderazgo de la relación.

3. Las personas buscan un mejor mañana. DELES ESPERANZA. Todas las personas viven esperando algo mejor. Donde no hay esperanza en el futuro, no hay poder en el presente.

4. La gente necesita ser atendida. ESCÚCHELOS. Esta es la llave para llegar al corazón de alguien: ¿Qué le aflige? ¿Qué le trae alegría? ¿De qué se lamenta? *"Gozaos con los que se gozan; llorad con los que lloran."* (Romanos 12:15)

5. La gente necesita dirección. "NAVEGUE" CON ELLOS. Un líder debe saber el camino. *"Ruego a los ancianos que están entre vosotros, yo anciano también con ellos, y testigo de los padecimientos de Cristo, que soy también participante de la gloria que será revelada: Apacentad la grey de Dios que está entre vosotros, cuidando de ella, no por fuerza, sino voluntariamente; no por ganancia deshonesta, sino con ánimo pronto."* (1 Pedro 5:1-2)

6. La gente está necesitada. MINISTRE PRIMERO SUS NECESIDADES.

7. La mayoría de la gente piensa que su situación es única, que sus problemas son los más grandes.

# ACTÍVATE

Pablo nos aconseja que debemos de amar a la gente para ayudarles a crecer. *"No mirando cada uno por lo suyo propio, sino cada cual también por lo de otros". (Filipenses 2:4)*

8. La gente se deprime. DALES ÁNIMO. *"Sobrellevad los unos las cargas de los otros, y cumplid así la ley de Cristo". (Gálatas 6:2)*

9. La gente quiere triunfar. AYÚDELES A GANAR. Extiéndase y ayude a otros a alcanzar sus metas. Ellos necesitan un líder que les mantenga la moral alta, alguien que levante su optimismo. *"Mejores son dos que uno; porque tienen mejor paga de su trabajo. Porque si cayeren, el uno levantará a su compañero." (Eclesiastés 4:9-10)*

10. La gente desea relaciones. PROVÉALES SU AMISTAD. Encuentre el 1% que usted tiene en común con alguien y dale el 100% de su atención. Toda la Palabra de Dios nos habla de comunión, de compañerismo —Nunca fue una intención que hiciéramos la travesía cristiana solos. El Nuevo Testamento nos enseña que "somos miembros los unos de los otros". *"De manera que, si un miembro padece, todos los miembros se duelen con él, y si un miembro recibe honra, todos los miembros con él se gozan". (I Corintios 12:26).*

11. La gente busca un modelo para seguir. SEA UN EJEMPLO. Viva una vida ejemplar, la gente hace lo que ve: *"Sed imitadores de mí, así como yo de Cristo." (I Corintios 11:1)* *"Y lo que has oído de mí en la presencia de muchos testigos, eso encarga a hombres fieles que sean idóneos para enseñar también a otros. (2 Timoteo 2:2).*

# CONCLUSIÓN

Practiquémoslo hoy. ¿Cómo puede usted empezar a triunfar y hacer conexión con la gente? ¡Pidamos a Dios que nos dé "el don de tratar con la gente"! Elaboremos un plan de acción y pongámonos en las manos de Dios.

ACTÍVATE

# CAP. 10

# EXPANDA SU VISIÓN

*(Isaías 54: 2-3) "Ensancha el sitio de tu tienda, y las cortinas de tus habitaciones sean extendidas; no seas escasa; alarga tus cuerdas, y refuerza tus estacas. porque te extenderás a la mano derecha y a la mano izquierda; y tu descendencia heredará naciones, y habitará las ciudades asoladas".*

**Introducción:** Aquí habla de crecimiento, expansión, de prosperidad, y de abundancia. Quizá su congregación o su familia sea como la visión que Dios le dio a Ezequiel de los huesos secos. (Ezequiel 37).

## ACTÍVATE

### I. SU MANERA DE PENSAR PUEDE ESTORBAR DE RECIBIR LO QUE DIOS TIENE PARA USTED.

A. Si hay algo con lo que lucho todos los dias, es con mi mente. Muchos ya no tienen vicios pero igual somos esclavizados por pensamientos destructivos.

B. Quizá usted ha pensado que ya ha llegado a los límites de su vida y diga: Nunca lograré ser importante, ni disfrutaré las cosas buenas de la vida como otros las disfrutan. Tristemente, tiene toda la razón... al menos que cambie su forma de pensar.

   1. Por eso, el primer paso hacia el éxito es ver la vida a través de los ojos de la fe en Dios.

      a. Visualizar que su negocio crece.

      b. Visualizar que su matrimonio es restaurado.

      c. Visualizar que su familia es prosperada.

      d. Visualizar que sus sueños se cumplen.

   2. Antes que esto suceda, primero tiene que concebirlo en su mente y creer que es posible (*Marcos 9:22-23*) *"si puedes hacer algo, ten misericordia de nosotros, y ayúdanos. Jesús le dijo: Si puedes creer, al que cree todo le es posible.* Visualice su éxito

C. Usted producirá lo que ve de continuo en su mente. Si usted vive alimentando la imagen de derrota y fracaso, de que soy un don nadie, entonces usted vivirá esa clase de vida. En cambio, si usted desarrolla una imagen de triunfo, éxito, salud, abundancia, gozo, paz y alegría, nada podrá detenerle de experimentarlo. *(Filipenses 4:8)*

D. Un buen ejemplo de confesar anticipadamente victoria, lo encontramos en *(1Samuel 17:46-49) "Jehová te entregará hoy en mi mano, y yo te venceré, y te cortaré la cabeza, y daré hoy los cuerpos de los filisteos a las aves del cielo y a las bestias de la tierra; y toda la tierra sabrá que hay Dios en Israel. **47** Y sabrá toda esta congregación que Jehová no salva con espada y con lanza; porque de Jehová es la batalla, y él os entregará en nuestras manos. 48 Y aconteció que cuando el filisteo se levantó y echó a andar para ir al encuentro de David, David se dio prisa, y corrió a la línea de batalla contra el filisteo. 49 Y metiendo David su mano en la bolsa, tomó de allí una piedra, y la tiró con la honda, e hirió al filisteo en la frente; y la piedra quedó clavada en la frente, y cayó sobre su rostro en tierra".*

1. Dios quiere que seamos sumamente bendecidos.
2. Dios quiere que éste sea el mejor momento de su vida, pero tiene que creerlo. No puede vivir con pensamientos negativos y alcanzar bendiciones.
3. Hasta que no abandone su manera de pensar, no vendrán cosas buenas a su vida.

## II. DESHÁGASE DE ESOS ODRES VIEJOS

A. Cuando Jesús quiso animar a sus seguidores a expandir su visión, les dijo que no pueden tener una vida abundante con actitudes negativas. *(Mateo 9:17) "No se echa vino nuevo en odres viejos; de otra manera los odres se rompen, y el vino se derrama, y los odres se pierden; pero echan el vino nuevo en odres nuevos, y lo uno y lo otro se conserva juntamente".*

B. Siglos atrás los cueros se curaban, o curtían, para lograr que recibieran el vino. Cuando eran nuevos los odres, eran suaves y flexibles, pero conforme pasaba el tiempo, perdían su elasticidad; ya no podían estirarse. Se hacían duros e inflexibles, y no podían expandirse más.

1. Dios no puede trabajar en nosotros a menos que estemos dispuestos a cambiar, o perderemos las oportunidades que Él tiene para nosotros.

2. Termine cada día y déjelo atrás. Mañana es un nuevo día; comienza ese día con serenidad y ánimo, no dejes que las tonterías del ayer te impidan avanzar.

- ¿Estará usted dispuesto a deshacerse de sus odres viejos?
- ¿Comenzará a pensar más en grande?

3. Un hombre que se encontraba a punto de divorciarse me dijo: " Cómo podría ser restaurado mi matrimonio si siempre hemos tenido estos problemas... Tu vida no cambiará si antes no cambia tu manera de hablar y de pensar. *(Proverbios 23:7) "porque cual es su pensamiento en su alma, tal es él.*

C. Testimonio del pastor Oseguera: Después de algunos años de casados, un día mi esposa y yo caminábamos y vimos una casa hermosa en venta y entramos para verla, aunque no teníamos ni crédito, ni dinero. Al salir, mi esposa estaba muy emocionada, se dio la vuelta, miró hacia la casa y dijo: "¡Un día viviremos en una casa tan hermosa como esta!" no pasaron muchos años y ahora vivíamos en una casa similar tal como lo confesamos.

D. Dios también tiene mucho más para usted. Quizá no tiene dinero, no tiene crédito, pero tiene visión, comience a verse alcanzando un nuevo nivel, haciendo algo significativo, viviendo en la casa de sus sueños.

1. Al levantarte por la mañana debes tener la actitud de: Haré algo grande, saldré adelante en mi carrera, serviré a los demás con entusiasmo, saldré de este molde y subiré a nuevos niveles."

2. Muy seguido dígales a sus hijos: "Irán mucho más lejos que su padre. Tienen tanto potencial. ¡Harán grandes cosas!" Tenemos que concebirlo en nuestro interior antes de que Dios pueda llevarlo a cabo en lo exterior.

3. Sin duda, Dios quiere que llegues más lejos que tus padres.

## III. CUANDO DIOS TE VA A BENDECIR TE ACERCA A PERSONAS BENDECIDAS

A. Eliseo recibió la bendición de Elías, Lot fue bendecido por Abram, Potifar fue bendecido por José. Para esto debes alejarte de amigos que detienen tu bendición. (*1Corintios 15:33*) *"Las malas compañías corrompen las buenas costumbres".*

B. Dios ha permitido que se crucen por su camino personas que tienen más éxito que usted. Cuando usted sepa de otras personas que están triunfando, sienta ánimo en lugar de sentir envidia.

C. Cambie su manera de pensar y háblese en su interior:

1. Yo sé Dios que Tú me puedes bendecir.

2. Yo sé que puedo disfrutar de un buen matrimonio.

# ACTÍVATE

3. Yo sé que puedo ser feliz.

4. Yo sé que puedo vencer esta adicción.

5. Yo sé que voy a terminar mi carrera.

D. Israel tenía 70 años en el cautiverio, luego Dios levantó a Nehemias y habló frente al pueblo, *(Nehemias 2:20) "El Dios de los cielos, él nos prosperará, y nosotros sus siervos nos levantaremos y reedificaremos. Pero ustedes no tienen ni parte ni derecho ni memoria en Jerusalén".*

## IV. DIOS SIEMPRE DESEA HACER ALGO NUEVO EN NUESTRA VIDA

A. Amigo: Si usted se pone de acuerdo con Dios, esta podría ser la mejor época de su vida. Este podría ser el tiempo cuando Dios derrame su favor más allá de lo que puede imaginar. Dios dice: *(Isaías 43:18-19) "No os acordéis de las cosas pasadas, ni traigáis a memoria las cosas antiguas. He aquí que yo hago cosa nueva; pronto saldrá a luz; ¿no la conoceréis? Otra vez abriré camino en el desierto, y ríos en la soledad".*

B. Dios quiere mejorar su matrimonio, restaurar su familia o ascenderle en el trabajo. Pero esa semilla no crecerá en medio de sus dudas. El poder del Dios Todopoderoso vendrá sobre ti y causará que suceda. No será por medio de sus propias fuerzas ni su propia inteligencia.

# CONCLUSIÓN

Con Dios a su lado, es imposible fracasar.

1. Él puede abrir camino donde parece ser imposible.
2. Puede abrir puertas que ningún hombre puede cerrar.
3. Puede causar que usted se encuentre en el lugar indicado y en el tiempo indicado.
4. Puede cambiar su vida.
5. Puede suceder sin que el banco le dé un préstamo.
6. Puede suceder sin haber cursado los estudios correctos.
7. Puede suceder a pesar de sus fracasos y su trasfondo.
8. Puede suceder no obstante lo que los críticos le estén diciendo. Con Dios, todas las cosas son posibles.

No se conforme con decir solamente yo creo en Dios, ese es un cuadro muy pequeño; servimos al Dios que creó el universo. Tenemos que eliminar esa mentalidad de persona apagada. Jesús dijo: *"Si puedes creer, al que cree todo le es posible". (Marcos 9:23)*

# ACTÍVATE

# LA NECESIDAD DE CONSTRUIR BUENAS RELACIONES

*Juan 13:34-35*

**Introducción:** Los seres humanos tenemos una naturaleza innata que nos hace conectar, tanto en el trabajo como fuera de él. Descubre el poder que tienen las relaciones positivas en un grupo pequeño y cómo pueden aumentar el bienestar, la productividad, el compromiso y mucho más. Esto fue lo que sucedió en la iglesia primitiva. Los miembros creyentes estaban unidos en amor.

## ACTÍVATE

### I. DANDO A LUZ NUEVOS GRUPOS

A. Antes que todo debemos saber que esta es una materia que debemos aprender si queremos tener éxito en los grupos, por el hecho que muchos llegamos a la iglesia siendo personas demasiado reservadas y serias; poco amigables y comunicativos.

B. "El mundo sabrá que SOMOS Sus discípulos, por el amor que nos tengamos los unos por los otros." El cuidado y la formación apropiada de un nuevo convertido, resultará en una bendición a futuras generaciones.

C. Si nosotros queremos experimentar las bendiciones de ser padres, tenemos que dar a luz nuevos grupos pequeños, pero para esto debe haber un proceso de discipulado. El proceso consta de tres puntos.

   1. **Instrucción:** la instrucción da un entendimiento en cuanto a qué hacer y cómo hacerlo.

   2. **Demostración:** esta permite a ellos observar la manera apropiada de hacer las cosas.

   3. **Corrección:** esta va a convertir las fallas en éxito.

D. La importancia de Nutrir. No estoy hablando de regañarlos o forzarlos. Esto funciona más bien de esta manera:

1. amándolos.

2. Comunicándose con ellos.

3. Mostrando confianza en ellos.

4. Pasando tiempo con ellos.

5. Expresando gratitud y aprecio hacia ellos.

6. Alagando su trabajo.

7. Nunca demuestre favoritismo sobre ellos.

8. Ore por ellos y con ellos. De esta manera ellos se unirán con otros miembros para empezar nuevos grupos con un mínimo de 3 miembros.

E. Un líder de varios grupos tiene la responsabilidad de ayudar sus grupos hijos. También existirán momentos en que los padres del grupo necesitarán corregir alguno de sus hijos que tienen a su cargo.

## II. RAZONES PARA UNA CORRECCIÓN

A. Ahora como estamos hablando de corrección, debemos de tener en cuenta lo que dice *(Proverbios 16:6) "Con misericordia y verdad se corrige el pecado".* Quizá un líder esté cometiendo algunos errores por que le falta instrucción o quizá porque es inmaduro; por ello debemos usar de paciencia. Además, tenga en cuenta que la mayoría de nuestros lideres son voluntarios.

B. ¿Cuándo se debe corregir un grupo?

1. Cuando las reuniones constantemente están siendo canceladas.
2. Cuando el líder no está desarrollando otros líderes.
3. Cuando se tiene un grupo numeroso y no se habla de multiplicación.
4. Cuando el líder no está siguiendo la estructura de la reunión.
5. Cuando el Líder no está sometiendo los reportes a su director o pastor.
6. Cuando el líder no está asistiendo a las reuniones de entrenamiento.
7. Cuando el líder no está llegando a los servicios de fin de semana.

C. Cuando un líder no está dispuesto a que le enseñen no tiene derechos de enseñar a otros. Si hay un líder con una actitud negativa, corríjale a tiempo. No espere hasta que los asuntos se salgan de las manos. Por favor hable con él en privado.

D. Y finalmente hable la verdad en amor como lo dice Pablo. *(Efesios 4:15)*.

## III. EVALUANDO NUESTROS GRUPOS

A. Al hacer la evaluación de un líder de grupo, pregúntele cómo se sienten. Por ejemplo:

   1. "¿Por qué cree usted que esto está pasando?"
   2. "¿Qué podemos hacer para ayudarle a resolver este problema?"
   3. "¿Seré yo el responsable en alguna forma?"
   4. "¿Cómo le puedo ayudar?"

B. Si usted mira que no hay un cambio puede que necesite llevar la situación a su líder más cercano o al pastor. Todos los asuntos serios deben de ser tratados cuidadosamente con el pastor. *(Éxodo 18:22-23) "Ellos juzgarán al pueblo en todo tiempo; y todo asunto grave lo traerán a ti, y ellos juzgarán todo asunto pequeño. Así aliviarás la carga de sobre ti, y la llevarán ellos contigo. 23 Si esto hicieres, y Dios te lo mandare, tú podrás sostenerte, y también todo este pueblo irá en paz a su lugar".*

C. La necesidad de mantener buenas relaciones es fundamental. Las relaciones interpersonales nos brindan apoyo emocional, nos ayudan a crecer y nos permiten compartir experiencias y momentos significativos como lo hizo Moisés con su suegro Jetro.

D. La base de cualquier relación sólida es una comunicación abierta y honesta. Escuchar con humildad a los demás y expresar nuestros pensamientos y sentimientos de manera clara y respetuosa es esencial para construir conexiones significativas.

## CONCLUSIÓN

La razón de estos ajustes traerá una satisfacción por cultivar buenos líderes que seguirán nuestro ejemplo y estos a su vez cultivarán más buenos líderes. Como dijo Pablo a Timoteo "*Lo que has oído de mí ante muchos testigos, esto encarga a hombres fieles que sean idóneos para enseñar también a otros*". (*2 Timoteo 2:2*) Finalmente tenga muy claro en su mente que los grupos exitosos son resultado de buenas relaciones.

**ACTÍVATE**

# CAP. 12

# NO TE DES POR VENCIDO

*Nehemías 6:1-4*

**Introducción:** Quiero recordarles que Dios no estableció su iglesia para la supervivencia, sino para que crezca y se desarrolle triunfante. La iglesia son las manos y los pies de Dios en la tierra. Hoy quiero hablarles de 3 principios a tomar en cuenta si queremos seguir avanzando hacia la meta.

Somos: Su ejército vencedor, Su equipo ganador. Y para que la iglesia logre alcanzar sus metas, debe asumir nuevos desafíos, estar dispuesta a hacer lo que otros no quieren hacer, y enfrentar cualquier obstáculo para llegar a donde otros no se atreven llegar.

## ACTÍVATE

## I. LA IGLESIA NO SE MUEVE POR SUERTE

A. En el reino de Dios no nos movemos por suerte, hay que pagar el precio. El gran líder Nehemías, fue un hombre a quien Dios levantó para que asumiera la gran tarea de reconstruir los muros y reparar las puertas de la ciudad de Jerusalén. Los organizó en familias, él solo nunca lo habría logrado. Cuando Nehemías llegó a Jerusalén solo había cenizas. Pero Nehemías nos enseña que los que **confían en Dios, son capaces de levantar murallas caídas y ciudades destruidas.**

B. Después de proyectar la reconstrucción, aparecen en la escena Sanbalat y Gesem el árabe, para eliminar a Nehemías mediante el engaño y las acusaciones. Lo citaron al campo donde gobernaba Sanbalat, para tener una supuesta conferencia de paz, pero Nehemías percibió sus verdaderos motivos que eran tenderle una trampa para matarlo. (*Nehem.6:2*) *"Entonces Sambalat y Guésem me enviaron un mensaje pidiéndome que me reuniera con ellos en uno de los pueblitos del valle de Onó. Eso era una trampa para hacerme daño".*

## II. NEHEMÍAS NO SE DETIENE POR LAS CRÍTICAS

A. En cuatro ocasiones dice Nehemías que le enviaron la misma invitación, pero la respuesta fue siempre la misma: Nehemías les dice, no puedo perder tiempo, estoy ocupado en una gran tarea que no puedo descuidar. **"Yo hago una gran obra, y no puedo ir; porque cesaría la obra, dejándola yo para ir a vosotros." (Nehemías 6:3).**

B. Esta respuesta nos enseña un principio. A pesar de que los calumniadores se burlaban de él y de la obra que hacía, este poseía la inquebrantable convicción de que estaba realizando el trabajo para Dios. **Y nada lo detendría, el seguiría avanzando hacia la meta.** Si nosotros queremos avanzar hacia la meta, debemos tener la misma convicción que tuvo Nehemías.

C. Tengamos en cuenta que todo lo que se hace en el reino de Dios es **una gran obra.** No lo minimices, no te dejes influenciar por los que pretenden desviarte o desvalorizar tu trabajo. Quizá no estás reconstruyendo una ciudad, pero si una familia.

D. Jesucristo nos enseña con su ejemplo a tener la misma convicción. El Señor no permitió que:

1. Ni satanás, ni la religión organizada lo detuvieran.

2. Tampoco el poder político, ni las presiones del pueblo.

3. Ni la popularidad, ni las sugerencias de sus discípulos lo movieran de su propósito eterno. Él se mantuvo firme cumpliendo su asignación declarando: *es necesario hacer la obra del que me envió...* ***"porque he descendido del cielo, no para hacer mi voluntad, sino la voluntad del que me envió". (Juan 6:38)***

## III. NEHEMÍAS DECIDIÓ QUE NADIE LO PARARÍA

A. ***(Nehemías 4:1-3, 6:5-9)*** *Entonces Sanbalat envió a mí su criado para decir lo mismo por quinta vez, con una carta abierta en su mano, 6 en la cual estaba escrito: Se ha oído entre las naciones, y Gasmu lo dice, que tú y los judíos pensáis rebelaros; y que por eso edificas tú el muro, con la mira, según*

## ACTÍVATE

*estas palabras, de ser tú su rey; 7 y que has puesto profetas que proclamen acerca de ti en Jerusalén, diciendo: ¡Hay rey en Judá! Y ahora serán oídas del rey las tales palabras; ven, por tanto, y consultemos juntos. 8 Entonces envié yo a decirle: No hay tal cosa como dices, sino que de tu corazón tú lo inventas. 9 Porque todos ellos nos amedrentaban, diciendo: Se debilitarán las manos de ellos en la obra, y no será terminada.* El fin del diablo es que pares de servir, que dejes de hacer lo que estás haciendo y sobre todo que jamás te levantes.

B. Para convencer a Nehemías que se rindiera. Sanbalat envió a su criado por quinta vez, pero ahora con una carta abierta llena de acusaciones, difamatorias contra él y su pueblo. Lo acusaba de proclamarse rey de los judíos, y rebelarse abiertamente contra el rey.

1. ¿Qué buscaba el enemigo con estas calumnias? Destruir el testimonio de Nehemías. El diablo sabe que el miedo obstaculiza, paraliza y embota la creatividad llevándonos al fracaso total. Nehemías dice: *"un hombre como yo habría de huir". (Nehemías 6:11)*

C. Este Nehemías se enfrentó a estas calumnias con un valor extraordinario y digno de alabanza. En primer lugar, su respuesta a Sanbalat fue contundente, directa y sin reparos. Sin miedo alguno le dijo: **"Nada de lo que tú dices es cierto, son puros inventos tuyos". (Nehemías 6:8).** Con esta respuesta de Nehemías, los que estaban dispuestos a terminar los muros se sintieron animados y seguros de lo que hacían.

D. La confianza en Dios nos da valor (coraje) para seguir **avanzando hacia la meta.** Lo que importa es lo que Dios piense, no la opinión de los demás. No temas a lo que otros piensen contra tu persona.

## IV. NEHEMÍAS RECURRE A LA ORACIÓN

A. Nehemías oró a Dios y le dijo: *"Ahora, pues, oh Dios, fortalece tú mis manos" (Nehemías 6:9)* Nehemías nos enseña que, para encontrar nuevas fuerzas y respuesta de Dios, debemos acudir a la oración.

B. Otro gran ejemplo lo encontramos en *(Isaias 37: 14-17,36) "Ezequías tomó la carta de mano de los mensajeros y la leyó. Luego subió al Templo del Señor, la desplegó delante del Señor, 15 y oró así: 16 «Señor de los Ejércitos, Dios de Israel, entronizado sobre los querubines: solo tú eres el Dios de todos los reinos de la tierra. Tú has hecho los cielos y la tierra. 17 Presta atención, Señor, y escucha; abre tus ojos, Señor, y mira; escucha todas las palabras que Senaquerib ha mandado a decir para insultar al Dios viviente…. 36 Entonces el ángel del Señor salió y mató a ciento ochenta y cinco mil hombres del campamento asirio. A la mañana siguiente, cuando los demás se levantaron, allí estaban tendidos todos los cadáveres".*

C. Nehemías oró para que Dios renovara sus fuerzas frente a la calumnia y completar la obra que se le había asignado. Esta fue la misma oración de la iglesia primitiva ante las amenazas del Sanedrín *"Y ahora, Señor, mira sus amenazas, y concede a tus siervos que con todo denuedo hablen tu palabra, mientras extiendes tu mano para que se hagan sanidades y señales y prodigios mediante el nombre de tu santo Hijo Jesús".* (Hechos 4:30).

## ACTÍVATE

D. Nehemías siguió trabajando a pesar de la oposición hasta terminar la reconstrucción, lo que parecía una tarea imposible, Dios lo hizo posible en 52 días. Los que avanzan a la meta, no paran porque Dios no nos dejará en vergüenza.

E. Finalmente, hasta los enemigos de Nehemías reconocieron la intervención divina en este proyecto. *"Temieron y se sintieron humillados y conocieron que por nuestro Dios había sido hecha esta obra" (Nehemías 6:16)*

## CONCLUSIÓN

Les recuerdo que solo los que avanzan, miran la grandeza de Dios. Estos no pierden tiempo y no hacen caso a los que pretenden detenerlos en lo que hacen para Dios. Son los que armados con esas fuerzas convierten los obstáculos en oportunidades, y las pruebas en triunfos personales. **"¡Nunca se dé por vencido! Nunca, nunca, ¡sede por vencido!"** Dios está con nosotros para ayudarnos a vencer los obstáculos y toda barrera que el diablo pueda poner. ¿Hasta cuándo reconstruirás tu familia, hasta cuándo reconstruirás tu vida y tu ministerio?

# NACIDOS PARA MULTIPLICAR

*Génesis 1:28*

**Introducción:** La iglesia no es un hotel de lujo, sino un cuartel de entrenamiento para la guerra y la conquista. La capacidad de multiplicar una célula es enorme. De una semilla que nace salen miles; del mismo modo la semilla que sembramos puede ganar a toda una ciudad. (*Mateo 13.3-8*). Mírate a ti mismo como un grano de trigo, llamado a sembrar el mundo. (*Hechos 5:14*) *"Y los que creían en el Señor aumentaban más, gran número así de hombres como de mujeres; (Hechos 6:7) "Y crecía la palabra del Señor, y el número de los discípulos se multiplicaba grandemente en Jerusalén; también muchos de los sacerdotes obedecían a la fe".*

**ACTÍVATE**

## I. LA EVANGELIZACIÓN ES EL CORAZÓN DE LOS GRUPOS

A. Los cristianos sin excepción, somos llamados a amar a Dios, a servir a Dios y llamados a salvar a los que se encuentran perdidos. Sin embargo, es este último llamado al que más nos hemos revelado.

B. Jesús extendió esa invitación a sus primeros discípulos, Simón Pedro y Andrés. Les dijo Jesús, «Síganme» «y les haré pescadores de hombres». No sólo es estar dentro del edificio. Tenemos que ir y practicar la vida cristiana dando testimonio de sus maravillas.

   1. *(Lucas 8:39) "Pero {Jesús} no se lo permitió, sino que le dijo: Vete a tu casa, a los tuyos, y cuéntales cuán grandes cosas el Señor ha hecho por ti, y {cómo} tuvo misericordia de ti.*

   2. *(Hechos 10:42-43) "Y nos mandó que predicásemos al pueblo, y testificásemos que él es el que Dios ha puesto por Juez de vivos y muertos.* ***43*** *De este dan testimonio todos los profetas, que todos los que en él creyeren, recibirán perdón de pecados por su nombre".*

C. La evangelización el combustible que conduce a la multiplicación de los grupos. En un cuestionario de 700 líderes destacados en multiplicar se descubrió que eran grupos evangelizadores. Por supuesto, el compañerismo del grupo siempre está presente, pero la meta principal es la evangelización. Los grupos pequeños que no crecen son inaceptables.

D. Juan Wesley practicó este principio y a fines del siglo XVIII, Wesley había desarrollado más de 10,000 grupos pequeños. Wesley no estaba convencido que alguien había tomado una decisión para Cristo hasta que esa persona se involucrara en un grupo pequeño.

E. Wesley promovió la evangelización que llevaba a una rápida multiplicación. El predicaba y después invitaba a las personas a unirse a un grupo pequeño. Al parecer, estos grupos se multiplicaban como resultado de la llegada de estos nuevos conversos.

## II. LA IGLESIA CRISTIANA MAS GRANDE DEL MUNDO

A. David Cho introdujo la nueva era. Cho fue el pastor fundador de la Iglesia del Pleno Evangelio en Corea del sur, siendo la iglesia cristiana más grande en el mundo. Esta iglesia ha crecido a 25,000 grupos, teniendo 7 cultos del domingo con los que atrae aproximadamente a 153,000 adoradores todas las semanas (aparte de las diez iglesias satélites, que con este número crece hasta 250,000).

B. Cho acredita el crecimiento de su iglesia al sistema de los grupos pequeños. Él encomienda a cada grupo que evangelice, con la meta de multiplicar. Otros pastores han seguido su dirección. Por ejemplo, el Centro de Oración Betania (Louisiana, USA), una iglesia respetable de 25 grupos pequeños, crece a una iglesia de 800 grupos Pequeños multiplicadores. ¡En pocos años! El Centro de Oración Betania, tiene más de 8,000 adoradores los domingos, destruyendo con esto el mito de que las "iglesias de grupos pequeños simplemente no funcionan en América".

C. El multiplicar un grupo pequeño no descansa sobre unos pocos escogidos. El tímido, el ignorante, y los que están en lo más bajo de la sociedad tenían y tienen tanto éxito como los más preparados.

### III. EL MINISTERIO DE LA ORACIÓN EN LOS GRUPOS

A. Los líderes de grupo exitosos pasaron más tiempo buscando el rostro de Dios, dependiendo en Él para la dirección de su grupo pequeño. Ellos se preparan primero y después, predican su lección. Ellos oraban diligentemente por sus miembros, y también por los contactos no cristianos.

B. Cada líder debe confiar en el Espíritu Santo al dirigir su grupo para alcanzar familias, amigos, y conocidos. Estos líderes interactúan con las personas llenas de problemas y dolor. Ellos ayudaban a sus miembros de grupo, visitándolos regularmente. Ellos se negaron a permitir que los obstáculos los superaran. Fijaron sus ojos en una meta: alcanzar un mundo perdido para Jesús a través de la multiplicación de grupos pequeños.

C. Aquí está mi consejo para cualquiera que está dirigiendo o considerando tener un grupo pequeño:

1. Primero, tenga una claridad que su meta es la multiplicación de la célula. Las iglesias exitosas alrededor del mundo se concentran en el crecimiento. Ellos no vacilan en este punto.
2. Segundo, usted debe hacer que el desarrollo de nuevos líderes sea su prioridad principal. Los líderes de grupos pequeños exitosos ven a cada miembro como un líder potencial.

# CONCLUSIÓN

Tráele tus flaquezas, tus debilidades, tus dudas y lo poco que tienes. Él puede multiplicar tus fuerzas... ¡La mayor fuerza del Universo está en ti y contigo! El A.D.N. de todos los grupos pequeños debe ser: "NACIDO PARA MULTIPLICAR." Con este enfoque en mente, su grupo pequeño experimentará el crecimiento explosivo que estamos deseando. Para reflexionar:

Hechos 2:41, Hechos 4:4, Hechos 6:7, Hechos 11:21, Hechos 16:5.

# CAP. 14

# TOMANDO RIESGOS CON FE

*Filipenses 4:19*

**Introducción:** Nuestra máxima expresión de fe es arriesgar la vida entera por Dios, y Dios promete darnos a cambio mucho más de lo que podemos imaginar. El tomar riesgos es un aspecto esencial de la fe en Dios, para llevar a cabo el trabajo que nos ha llamado a hacer.

ACTÍVATE

## I. DIOS PROVEE DONDE ÉL GUÍA

A. Dios promete suplir todo lo que nos hace falta cuando caminamos en sus propósitos. Dios asume las responsabilidades de sus planes y tú de los tuyos. (*Filipenses 4:19*) *"Mi Dios, pues, suplirá todo lo que os falta conforme a sus riquezas en gloria en Cristo Jesús"*.

1. Algunos cristianos quieren seguir el plan de Dios, pero bajo sus propias expensas y decisiones, eso les hace depender de sus propios recursos. Al final terminan frustrándose.
2. Cuando reconocemos los recursos ilimitados de Dios podemos confiar en su provisión y en que Él hará lo mejor para sus planes y propósitos.

B. Dios nunca hará nada malo contra sus hijos a quienes ama y cuando algo adverso sucede, finalmente será para nuestro beneficio. (*Salmos 91:14-15*) *"Por cuanto en mí ha puesto su amor, yo también lo libraré; Le pondré en alto, por cuanto ha conocido mi nombre. Me invocará, y yo le responderé; Con él estaré yo en la angustia; Lo libraré y le glorificaré"*. (*Genesis 50:20*) *"Vosotros pensasteis hacerme mal, pero Dios lo tornó en bien para que sucediera como vemos hoy, y se preservara la vida de mucha gente"*.

C. Solo necesitas dejar que Dios guie tu vida. Quien confía en lo que Dios dice, está seguro y toma decisiones en base a las instrucciones de su Palabra a pesar de los riesgos que pueda mostrar el desafío.

D. Ministerio: Ministerio significa servir a otros en respuesta a las oportunidades y las habilidades que Dios nos ha dado. Cuando confiamos en lo que Dios ha dicho, seremos efectivos al seguir las instrucciones de Dios en nuestro ministerio o servicio.

## II. CUANDO DIOS RETRASA, ÉL SABE LO QUE HACE

A. Cuando las cosas no salen bien o como pretendemos comenzamos a dudar, pero Dios no camina según nuestros criterios o tiempos. (*Habacuc 2:3*) *"Aunque la visión tardará aún por un tiempo, más se apresura hacia el fin, y no mentirá; aunque tardare, espéralo, porque sin duda vendrá, no tardará".*

1. Dios nos afirma que lo que Él ha prometido y dice lo cumplirá. Podemos estar animados que en su tiempo la victoria será cumplida.

2. Los humanos tendemos a querer las cosas de inmediato. Dios quien hace las cosas bien hechas, Él se asegura que los resultados sean absolutos y permanentes.

3. Necesitamos dejar de confiar en nosotros mismos para confiar en Él en forma absoluta. (*2 Corintios 1:8-10*) *"Porque hermanos, no queremos que ignoréis acerca de nuestra tribulación que nos sobrevino en Asia; pues fuimos abrumados sobremanera más allá de nuestras fuerzas, de tal modo que aun perdimos la esperanza de conservar la vida. Pero tuvimos en nosotros mismos sentencia de muerte, para que no confiásemos en nosotros mismos, sino en Dios que resucita a los muertos; el cual nos libró, y nos libra, y en quien esperamos que aún nos librará, de tan gran muerte;"*

B. Dios permite a veces la prueba para que descubramos nuestra incapacidad y a la vez su grandeza. Aunque no entendamos lo que Dios hace, confiar en Él nos hará estar tranquilos y seguros.

**ACTÍVATE**

C. Necesitamos ajustarnos al tiempo de Dios y a su manera. En algunas cosas dirá: No es así; en otras cosas dirá no es el tiempo. Saber esperar el tiempo de Dios es confiar que Él sabe lo que hace. *(Juan 13:7) "Respondió Jesús y le dijo: Lo que yo hago, tú no lo comprendes ahora; más lo entenderás después".*

D. Una señal de madurez es ser paciente y no desesperarse mientras se desarrollan los planes de Dios en nuestra vida. ¿Qué estás esperando que Él realice? Señor enséñanos a ser pacientes y a confiar en ti. *(Santiago 5:7) "El **campesino** que **esp era** recoger la preciosa cosecha, tiene que aguardar con paciencia las temporadas de lluvia. Por tanto, hermanos, sean pacientes"* ... NBLA.

### III. DIOS HA PROMETIDO MULTIPLICAR A QUIEN SIEMBRA.

A. Algunos solo tienen lo suficiente porque no siembran, pero quien es generoso permite que lo que Dios le ha dado opere el poder de la multiplicación y glorifique a Dios. *(2 Corintios 9:10-11) "Y el que da semilla al que siembra, y pan al que come, proveerá y multiplicará vuestra sementera, y aumentará los frutos de vuestra justicia, para que estéis enriquecidos en todo para toda liberalidad, la cual produce por medio de nosotros acción de gracias a Dios".*

B. El poder de la multiplicación está en la siembra. *(2 Corintios 9:6-7) "Pero esto digo: El que siembra escasamente, también segará escasamente; y el que siembra generosamente, generosamente también segará. Cada uno dé como propuso en su corazón: no con tristeza, ni por necesidad, porque Dios ama al dador alegre".*

C. El que da, siempre tiene. Dios no nos dejará en banca rota cuando damos. Él promete recompensar todo sacrificio que hagamos por su reino. Es la mejor y sana inversión. (*Lucas 18: 29-30*) *"Y él les dijo: De cierto os digo, que no hay nadie que haya dejado casa, o padres, o hermanos, o mujer, o hijos, por el reino de Dios, que no haya de recibir mucho más en este tiempo, y en el siglo venidero la vida eterna".* ¿Cómo responderemos ante las demandas de Dios? ¿Con generosidad o mezquindad?

D. Nada de lo que hagamos será en vano. (*1 Corintios 15:58*) *"Así que, hermanos míos amados, estad firmes y constantes, creciendo en la obra del Señor siempre, sabiendo que vuestro trabajo en el Señor no es en vano".*

E. El tomar riesgos ayuda a construir nuestra confianza en el Señor. Incluso cuando te enfrentas a lo desconocido, incluso cuando no puedes ver el resultado, *arriésgate*, porque Dios, sin duda, está contigo. Él va delante de ti. Y Él es fiel en recompensar los riesgos que tomas para seguirlo. (*Josué 1:5-6*) *"Yo estaré contigo, así como estuve con Moisés. Nadie podrá derrotarte mientras vivas porque yo nunca te abandonaré ni te dejaré.» Sé fuerte y valiente porque tú guiarás a este pueblo para que pueda tomar la tierra que yo prometí a sus antepasados".*

## CONCLUSIÓN

¿Confías en los planes de Dios para tu vida? ¿Tienes fe de que Él va a proveer todo lo que necesitas al seguir su dirección y su guía? ¿Te impacientas al hacer las cosas cuando Dios dice, o sientes que te ha abandonado en el camino? Ora para que Dios fortifique tu fe y te ayude a dar pasos de fe para confiar en la guía de Dios hacia su plan y propósito para tu vida.

# CAP. 15

# LAS RECOMPENSAS ETERNAS

*Apoc.11:18*

**Introducción:** Todos somos incentivados por las recompensas. Si un padre solo da mandamientos a sus hijos, pero carece de recompensarlos ellos se cansarán. (*Gálatas 6:9*) *"No nos cansemos, pues, de hacer bien; porque a su tiempo segaremos, si no desmayamos".*

### ACTÍVATE

Muchos no tenemos dificultad en aceptar que hay vida eterna y muerte eterna, pero para muchos, se hace difícil aceptar el que haya recompensas eternas, por el simple hecho que cuando se les llama a trabajar no quieren, no aceptan.

### I. CORONAS Y RECOMPENSAS ETERNAS

A. El señor nos dejó algunos escritos para motivarnos a trabajar y no solo trabajar sino a hacerlo con gusto porque Él es un fiel Amo. Juan habla de dar el galardón a los siervos de Dios, los profetas, a los santos y a los que temen el nombre de Dios. Así como la Biblia habla de condenación eterna, también habla de recompensas eternas.

B. La biblia menciona por lo menos cinco diferentes coronas que el Señor otorgará a su pueblo, estas son cinco joyas que el mismo entregará.

   1. La Corona incorruptible
   2. La Corona de Gozo
   3. La Corona de Justicia
   4. La Corona de Gloria
   5. Y la Corona de Vida

C. Con mucha frecuencia en las iglesias este tema es pasado por alto. (*Efesios 6:8*) dice: *"el bien que cada uno hiciere, ése recibirá del Señor"*.

D. Jesús acompañado de sus ángeles nos recompensará por nuestras obras. (*Mateo 16:27*) *"Porque el Hijo del Hombre ha de venir en la gloria de su Padre con sus ángeles, y entonces recompensara a cada uno según sus obras"*.

E. *(2 Corintios 5:10)* nos habla de recompensas celestiales. *"Porque es necesario que todos nosotros comparezcamos ante el tribunal de Cristo, para que cada uno reciba según lo que haya hecho mientras estaba en el cuerpo".*

F. *(Apocalipsis 22:12)* nos habla de galardones especiales a los que sirven. *"He aquí vengo pronto, y mi Galardón conmigo, para recompensar a cada uno según sean sus obras"* ...

## II. GRADOS DE HONORES EN EL CIELO

A. Después del arrebatamiento, lo que sigue es el momento de las recompensas. Las obras buenas son valoradas como "oro, plata, y piedras preciosas" *(1 Corintios 3:12)*. Las obras que no tendrán recompensa son llamadas "madera, heno y hojarasca" estas son actividades vacías sin valor eterno. Espero que esto nos ayude en algo.

B. La forma de guardar tesoros en el cielo tiene que ver con lo que hacemos para Dios en la tierra. Cada vez que un creyente da algo o hace algo para el Señor, está haciendo un depósito en el cielo.

C. En el infierno igualmente habrá grados de condenación. Jesús dijo que en el día del juicio será más tolerable el castigo para Tiro y Sidón que para Corazín y Betzaida. *(Mateo11:21-22, Lucas 10:10-12)*

D. Esto nos declara que en el infierno habrá grados de castigo para los pecadores. Por tanto, es lógico que en el cielo también hay grados de honor de acuerdo a las obras realizadas en vida.

ACTÍVATE

### III. LA SALVACIÓN Y LAS RECOMPENSAS, DOS COSAS DIFERENTES

A. Muchos confunden estos dos hechos.

1. La salvación es algo del pasado.
Las recompensas son para el futuro.

2. La salvación es la misma para todo creyente. Las recompensas son para los creyentes que trabajan.

3. La salvación no es por obras buenas.
Las recompensas son por buenas obras.

B. Todo lo que está en la tierra es transitorio, temporal, sujeto a deterioro o pérdida. Las cosas en la tierra se corrompen se apolillan, se envejecen y desaparecen por acción de los ladrones. Pero las cosas de arriba son eternas. No corren ningún riesgo. No hay nada de malo en vivir una vida motivada por las recompensas del cielo.

1. *(1Juan 2:15-17)* *"No améis al mundo ni las cosas que están en el mundo. Si alguno ama al mundo, el amor del Padre no está en él. 16Porque todo lo que hay en el mundo, la pasión de la carne, la pasión de los ojos y la arrogancia de la vida, no proviene del Padre, sino del mundo. 17Y el mundo pasa, y también sus pasiones, pero el que hace la voluntad de Dios permanece para siempre.*

C. Moisés escogió sufrir con el pueblo de Dios que gozar del pecado temporal. *(Hebreos 11:24-26)* *"Por la fe Moisés, hecho ya grande, rehusó llamarse hijo de la hija de Faraón, 25 escogiendo antes ser maltratado con el pueblo de Dios, que gozar de los deleites temporales del pecado, 26 teniendo por mayores riquezas el vituperio de Cristo que los tesoros de los egipcios; porque tenía puesta la mirada en el galardón.*

D. Pablo estimó toda su fama, sabiduría y riquezas como basura por amor a Cristo Jesús. (*Filipenses 3:7-8*) *"Pero cuantas cosas eran para mí ganancia, las he estimado como pérdida por amor de Cristo. 8 Y ciertamente, aun estimo todas las cosas como pérdida por la excelencia del conocimiento de Cristo Jesús, mi Señor, por amor del cual lo he perdido todo, y lo tengo por basura, para ganar a Cristo.*

## CONCLUSIÓN

Mi pregunta es: Si usted ya es salvo, ¿Qué está haciendo para obtener recompensas eternas? La Biblia nos exhorta a hacer tesoros en el cielo. ¿Qué tan grande es en la actualidad su tesoro en el cielo? ¿Cuánto ha depositado por medio de servicio a la obra del Señor? Quiera Dios que su corazón se sienta motivado a trabajar en la obra de Dios de tal manera que cuando salga de este mundo, no llegue al cielo con sus manos vacías espero que no porque en el cielo nos esperen caudalosas recompensas. Esto es lo único que podrá llevar a los pies del Señor cuando nos digan descansa en paz.

**ACTÍVATE**

# CAP. 16

# LOS FUNDAMENTOS BÁSICOS PARA ORAR

*Mateo 6:5-12*

**Introducción:** La oración es uno de los temas más fáciles de aprender y practicar. Si cree que la oración debe ser triste, larga, dificultosa y llena de aflicción, etc. ¡Esto no es así! Un gran autor de varios libros sobre la oración dijo: "La oración no es prepararse para la batalla... ¡la oración es el campo de batalla!".

## ACTÍVATE

## I. ¿QUÉ ES LA ORACIÓN?

A. Orar es comunicarse con Dios. ¡Sí, eso no es nada complicado! Tú no necesitas estar en cierto lugar o en alguna posición en particular para orar. No debes tener tus manos juntas, ni repitiendo ciertas palabras. Orar es simplemente, tú, diciendo a Dios lo que está en tu corazón y alma.

B. La oración es una experiencia bella y no es nada difícil de hacer. Según aprendas a orar estarás tomando autoridad y dominio sobre los espíritus que plagan tu nación, tu ciudad y sobre todo tu familia y tu vida. Al orar, te estás acercando más a Dios. (*Santiago 4:8*) y según te acercas más a Él, serás hecho conforme a su semejanza.

C. La oración cambia tus malas actitudes. Tú no puedes permanecer en la presencia de Dios y guardar odio, envidia, deseos de venganza, etc. Dios es amor y cuando tú oras, ese amor afecta tus pensamientos y tus acciones.

D. ¡La oración afecta a nuestro enemigo! Tus oraciones tienen un gran impacto en el reino del mal. Con la oración tenemos poder sobre los demonios. Aún el demonio más poderoso tiene que salir cuando los elegidos de Dios oran.

   1. En (*Daniel 10:10-14*) Daniel uno de los cautivos que vivía en un país extranjero, empezó a orar en contra del príncipe del reino de Persia. El oró por 21 días, el Señor escuchó su oración y envío un ángel para ayudarle.
   2. Con su oración Daniel cambió el destino de toda una nación. ¡El poder de la oración puede cambiar a toda una ciudad y a toda tu familia!

E. ¡La oración cambia las decisiones del Cielo! Ezequías

oró y cambió los planes de Dios. Él iba a morir, pero su oración le añadió 15 años a su vida. (*2 Reyes 20:1-7*) Recordemos también la historia de Nínive. En *(Jonás 3)*

F. ¡La oración toca el corazón de otros! Tus oraciones hacen que Dios se mueva a suplir las necesidades de otros, muchos no oran por sí mismos y tus oraciones son lo único que está entre ellos cubriéndolos de las influencias diabólicas. Tus oraciones cambian la vida de los demás... ¡Nunca dejes de orar!

## II. UN EJEMPLO ESPECIAL

A. Es necesario que vayas a un lugar donde puedas estar a solas con Dios. Recuerde que también hay oraciones congregacionales, ambas son necesarias e importantes. *(Mateo 6:6) "Mas tú, cuando ores, entra en tu aposento, y cerrada la puerta, ora a tu Padre que está en secreto; y tu Padre que ve en lo secreto te recompensará en público".*

B. La oración a solas es un tiempo cuando derramas tus pensamientos más profundos, tus temores, tus deseos y necesidades delante de Dios. Aprende a orar todos los días. Los grandes hombres y mujeres de la Biblia eran personas que oraban fervientemente todos los días.

## III. HAZ UNA LISTA DE ORACIÓN

A. Necesidades Personales: Tu matrimonio, hijos y familiares. Necesidades de la Iglesia. El Pastor, el Asistente, ministros y Diáconos. Aquellos que pidieron oración especial en el grupo. Tus amigos y familiares que no son salvos.

# ACTÍVATE

1. Trata de repasar esta lista mientras horas. Te darás cuenta de que es muy fácil orar 20 minutos, una hora o más, cuando usas una lista como guía.

2. ¡No puedes esconder nada de Él! Él sabe quién eres, lo que necesitas y cuáles son tus faltas. ¡Hasta sabe cuántos cabellos tienes en tu cabeza! *(Mateo 10:30)*
- ¡Si estás pasando por tentaciones o por debilidad, pide por fortaleza!
- ¡Si estás en necesidad, pide ayuda!
- ¡Si estás atribulado, pide rescate!
- ¡Sí necesitas un milagro, Él es un Dios de milagros!

## IV. EL MODELO PERFECTO DE ORACIÓN

*1. (Mateo 6:9) "Vosotros, pues, oraréis así: Padre nuestro que estás en los cielos, santificado sea tu nombre".* Cuando ores empieza con adoración ¡Mientras oras adora! ¡Cuando termines adóralo! Reconoce y declara su poder, gloria y majestad en tu vida.

*2. (Mateo 6:10) "Venga tu reino. Hágase tu voluntad, como en el cielo, así también en la tierra".* Rinde tu voluntad a Él. Entrégale todas aquellas cosas que no le entregarías a ningún otro. ¿Te has preguntado alguna vez, cómo su Palabra es obedecida en el cielo? Cuando Él le pide al ángel Gabriel que haga algo ¿no crees que él lo hace inmediatamente? Esta es la actitud que Dios está buscando. Hágase tu voluntad en la tierra, como en el cielo. ¡Su voluntad, no la tuya!

*3. (Mateo 6:11) "El pan nuestro de cada día, dánoslo hoy". (V.25-33)* No te olvides de pedir en oración las cosas básicas para tu sostenimiento porque a Él le interesan. Cuéntale tus grandes problemas y también los más pequeños. *"Echa toda tu ansiedad sobre El, porque Él tiene cuidado de cada uno de nosotros. (1 de Pedro 5:7)*

**4.** *(Mateo 6:12) "Y perdónanos nuestras deudas, como también nosotros perdonamos a nuestros deudores".* Él vino para tratar con la gente, vino a amarlos y trabajar con ellos. Nosotros debemos hacer lo mismo... ¡Ser como Él es! ¡Dios perdonó mis pecados! Yo también perdonaré las deudas a mis deudores. ¡Quiero ser como tú! Ora de esta manera, humíllate ante Dios y lograrás el perdón de Dios y la gracia ante los hombres.

**5.** *(Mateo 6:13) "Y no nos metas en tentación, más líbranos del mal".* No dejes que regresemos al vómito del que salimos. Líbranos del viejo hombre y su pecado. No nos dejes caer en la red del maligno. *(Lucas 22:40,46)*

**6.** *Porque tuyo es el reino, y el poder, y la gloria, por todos los siglos. Amén".* ¡Termina tu oración glorificando su nombre! Porque tuya es la honra ¡Tuya es la tierra! Tuyo es el reino. A ti pertenece toda la gloria por todos los siglos. Amén.

## CONCLUSIÓN

La oración es la matriz de todas las bendiciones. Dios no se mueve sin la oración. Si has entendido este mensaje, debes darte cuenta de que Dios está dispuesto a escuchar tu petición, pero es importante que hagas tu parte y ores a tu padre celestial con todo tu corazón.

**ACTÍVATE**

# CÓMO HACER QUE LAS PERSONAS SE QUEDEN EN SU GRUPO

*Proverbios 11:30*

**Introducción:** Que las personas vuelvan a un Grupo Pequeño depende de una reunión satisfactoria. El deseo de todo líder es desarrollar un Grupo Familiar exitoso. Para que ello ocurra es importante tener en cuenta los siguientes principios. Indudablemente necesitamos mejorar.

ACTÍVATE

## I. CINCO PRINCIPIOS PARA TENER UN GRUPO EXITOSO

A. Para un Grupo pequeño en crecimiento hay que tener en cuenta los siguientes aspectos.

1. Preparar su corazón antes de la reunión. El líder debe tomar tiempo para preparar su corazón ante Dios pidiéndole que le dé la llenura del Espíritu Santo.

   El líder debe buscar la soledad para estar en comunicación con Dios. Después de haber orado, sentirá más valor, más confianza, más convicción y más unción al hablar. (*Hechos 4:31*) *"Cuando hubieron orado, el lugar en que estaban congregados tembló; y todos fueron llenos del Espíritu Santo, y hablaban con denuedo la palabra de Dios.*

2. El líder debe estudiar su mensaje con suficiente anticipación. Si el estudio de la lección se deja para última hora el líder no habrá asimilado adecuadamente las verdades que deben transmitirse.

3. El líder debe saber escuchar. Las personas buscan quien los escuche, es por ello por lo que los lideres deben ser las personas más amistosas del grupo. Los líderes de Grupos Pequeños escuchan para orientar a sus miembros y para ayudarles a resolver sus dilemas.

   Para que un amigo sienta el deseo de volver a un Grupo es importante que se sienta bien tratado. Eso incluye el ser escuchado.

4. Trabaje fuera del grupo familiar. El líder lo es en todo tiempo. Él no solamente atiende a las personas dentro del Grupo, sino que lo hace siempre que sea necesario. Las personas en su grupo afrontarán diversas necesidades y la "hora de servicio" del líder no es solamente aquella de la reunión, sino una disposición de todo el tiempo de servir al prójimo.

5. El líder debe de crecer en todo tiempo. El líder debe estudiar y asistir puntualmente a las reuniones de entrenamiento y supervisión para ser afinado en el trabajo de llevar las buenas nuevas. *(Proverbios 4:7) "Sabiduría, ante todo; adquiere sabiduría; Y sobre todas tus posesiones adquiere inteligencia"*. El trabajo de ser capacitado no termina con el curso para líder. La capacitación continúa por toda la vida. *(Eclesiastés 12:9-14) "Y cuanto más sabio fue el Predicador, tanto más enseñó sabiduría al pueblo...Procuró el Predicador hallar palabras agradables, y escribir rectamente palabras de verdad"*.

## II. RETENIENDO LOS FRUTOS

A. Alguien dijo: "Cuesta diez por ciento de esfuerzo ganar a una persona para Cristo, pero cuesta noventa por ciento hacer que permanezca en la fe". La verdad de estas palabras se dejará ver por el número de conversiones en una congregación.

B. Una iglesia que aprenda los principios de Dios, aplique los consejos y ahonde sus estacas, comenzará a ver resultados. Las nuevas conversiones vendrán y entonces es cuando el verdadero trabajo comenzará.

**ACTÍVATE**

Es de suma importancia tomar medidas para cerrar la puerta de escape y así poder dar atención y cuidado a los nuevos conversos. Cuide a sus corderos aun dentro de la iglesia.

C. Las primeras semanas después de la conversión son críticas en la vida de una persona. Por ello, es necesario entrenar a los miembros del Grupo no sólo en ganar almas, sino también en cuidarlas haciéndoles algunas visitas. Recuerde lo que Jesús dijo en (*Mateo 12:43-45*)

   1. Todo líder debe capacitarse para realizar visitas, llevando un control de la manera en que están siendo realizadas.

### III. VISITAS PROGRAMADAS

A. La visita debe ser en un espíritu cordial, de verdadero interés por el recién convertido. Si es necesario es mejor que las visitas las haga la persona que lo invitó.

   1. En su primera visita. La primera visita tiene como propósito explicar lo que significa haber recibido a Jesús como su único salvador. El encargado Debe leerle algunas promesas de Dios para apoyar su decisión, puede leer estos pasajes bíblicos finalizando con una oración breve.

      - *(2 Corintios 5:17)* "De modo que si alguno está en Cristo".

      - *(Juan 1:12)* "Mas a todos los que le recibieron.

      - *(Efesios 2:12-13)* "En aquel tiempo estabais sin Cristo, alejados de la ciudadanía de Israel y ajenos a los pactos de la promesa, sin esperanza y sin Dios en el mundo. 13 Pero *ahora en Cristo Jesús, vosotros que en otro tiempo estabais lejos, habéis sido hechos cercanos por la sangre de Cristo.*

2. Segunda visita. Enseñarle sobre la necesidad de la oración. La persona dirigirá la plática en torno al tema de la oración. Anime al nuevo cristiano a desarrollar el hábito de la oración.

   - *(Mateo 26:41) "Velad y orad, para que no entréis en tentación".*
   - *(Santiago 5:13-14) "¿Está alguno entre vosotros afligido? Haga oración".*
   - *(Mateo 6:12) "Si has pecado has una oración de perdón como lo aconsejo Jesús en el padre nuestro".*

3. Tercera visita. Hable de la importancia de la lectura bíblica. Enseñarle que la lectura de la biblia es el alimento del alma.

   - *(Josué 1: 8) "Nunca se apartará de tu boca este libro de la ley, sino que de día y de noche meditarás en él".*
   - *(Juan 8:32) "y conoceréis la verdad, y la verdad os hará libres".*
   - *(1Pedro.2:2) "desead, como niños recién nacidos, la leche espiritual".*

4. Finalmente, la cuarta visita tiene como finalidad explicar la importancia de la lectura de la Palabra. Anime a la persona a comenzar a leerla cotidianamente.

   La plática se dirige en torno a la obediencia de su palabra, se le anima a ser obediente y a asistir a escuchar la predica semanalmente.

   - Explíquele que para el que elige obedecer a Dios se desatan bendiciones.

**ACTÍVATE**

En la biblia Dios le prometió grandes y abundantes bendiciones a los obedientes. La obediencia resulta en bendición.

- *(Deut.28: 1-2) "Acontecerá que, si oyeres atentamente la voz de Jehová tu Dios, para guardar y poner por obra todos sus mandamientos que yo te prescribo hoy, también Jehová tu Dios te exaltará sobre todas las naciones de la tierra. 2 Y vendrán sobre ti todas estas bendiciones, y te alcanzarán, si oyeres la voz de Jehová tu Dios".*

- *(Josué 1:8) "Nunca se apartará de tu boca este libro de la ley, sino que de día y de noche meditarás en él, para que guardes y hagas conforme a todo lo que en él está escrito; porque entonces harás prosperar tu camino, y todo te saldrá bien".*

B. Con estas cuatro visitas se habrá atendido al nuevo converso durante su primer mes de vida cristiana lo cual es ya un paso importante. Pero, eso no significa que dicha persona no ha de volver atrás.

C. El hecho de haber culminado las visitas programadas no significa que el mentor ha finalizado ya su tarea. Todo cristiano necesita un mentor y éste debe serlo por tiempo indefinido o para siempre.

D. El cuidar de un alma es un trabajo que demanda disposición, amor, abnegación y lealtad. El mentor debe estar al tanto del desarrollo espiritual del nuevo convertido. Debe orientarlo, alentarlo y animarlo a participar activamente de la obra de Dios. En caso de enfermedad u otra clase de dificultades, su padre espiritual o el líder deben ser los primeros en salir en busca de su oveja. En el libro de Mateo, Jesús les dijo a sus seguidores: *"¿Qué hombre habrá de vosotros que tenga una sola oveja, si esta se le cae en un hoyo en día de reposo, no le echa mano y la saca?" (Mateo 12:11).*

## CONCLUSIÓN

Si nosotros tratamos a cada persona como un ser humano valioso, ayudaremos a que otros hagan lo mismo. ¿Qué podemos hacer para tener un grupo al que las personas regresen? ¿Hay algunas cosas que podemos hacer como líderes para ayudarlas a permanecer en el grupo? Involúcralas, aliméntalas y trátalas como personas importantes.

**ACTÍVATE**

# 18 CAP.

# CÓMO SER UNA PERSONA PRUDENTE

*Prov.10:19, Efe.4:29*

**Introducción:** La prudencia es una cualidad que consiste en actuar o hablar con cuidado, de forma justa y adecuada, con cautela y moderación, o sea con precaución para evitar daños, malentendidos y para respetar la vida de los demás.

## ACTÍVATE

Una persona que actúa de manera imprudente, pone en riesgo su vida y la de los demás. (*Efesios 4:31-32*) *"Quítense de vosotros toda amargura, enojo, ira, gritería y maledicencia, y toda malicia. 32 Antes sed benignos unos con otros, misericordiosos, perdonándoos unos a otros, como Dios también os perdonó a vosotros en Cristo"*. Recuerde que Dios jamás nos ordenaría algo imposible.

### I. LA PRUDENCIA REQUIERE DE DOMINIO PROPIO

A. Por ejemplo, si al estar conduciendo no se usa prudencia, se pone en peligro la vida de otras personas y la suya propia. Todo conductor toma un segundo para mirar hacia los lados antes de cruzar la calle. Igualmente, si no pensamos antes de hablar podemos herir o destruir una hermosa relación.

B. Prudente es la persona que tiene dominio propio. Hay un refrán que dice: "quien mucho habla, mucho yerra" porque mientras más hablemos hay más posibilidades de fallar a Dios y ofender a otras personas, exagerar cosas, decir algo innecesario y hasta cometer el pecado de mentir. (*Proverbios 10:19*) *"En las muchas palabras no falta pecado; Mas el que refrena sus labios es prudente."* Tiempo de callar y tiempo de hablar".

C. **¡Seamos prudentes en nuestra conducta!** Busquemos adornar nuestra forma de ser, tales como el respeto por el prójimo, la conexión entre lo que decimos y hacemos. Nunca abusemos de la confianza de nuestro prójimo. ¡Al contrario! Seamos ejemplo de prudencia, respeto y amistad.

D. Hay personas que hablan por hablar, sin poner ningún freno a sus palabras y sin un mínimo de autodominio. Por ello necesitamos el Espíritu

Santo de Dios (*Gal.5:22-23, Efe.4:29-30*) *"Ninguna palabra corrompida salga de vuestra boca, sino la que sea buena para la necesaria edificación, a fin de dar gracia a los oyentes. 30 Y no contristéis al Espíritu Santo de Dios, con el cual fuisteis sellados para el día de la redención.*

## II. LOS DAÑOS QUE CAUSA UNA SIMPLE PALABRA

A. Muchos tenemos cicatrices desde la niñez. (*Prov.12:18*) Cuántas veces nos ha sucedido que divulgamos algo que hemos escuchado, o hemos pensado y luego al ver las consecuencias que esto ha causado nos arrepentimos de haberlo hablado.

B. La biblia describe la lengua como un fuego. Una simple palabra puede causar mucho daño. (*Santiago 3:5-8*) *"Y lo mismo pasa con nuestra lengua. Es una de las partes más pequeñas de nuestro cuerpo, pero es capaz de hacer grandes cosas. ¡Es una llama pequeña que puede incendiar todo un bosque! Todo incendio comienza con una chispa.6 Las palabras que decimos con nuestra lengua son como el fuego. Nuestra lengua tiene mucho poder para hacer el mal. Puede echar a perder toda nuestra vida, y hacer que nos quememos en el infierno.7 Podemos dominar toda clase de animales salvajes, de aves, serpientes y animales del mar, 8 pero no hemos podido controlar nuestra lengua ni evitar decir palabras que dañen. La lengua parece un animal salvaje, que nadie puede dominar y que está lleno de veneno mortal.*

C. Las palabras son muy peligrosas. Por una palabra se puede destruir un matrimonio, se puede destruir una iglesia, por una palabra han comenzado guerras donde han muerto miles de seres humanos. Trabajemos en este terreno que tenemos tan descuidado.

D. Sujetar nuestra lengua es parte de la vida cristiana. La carne quiere contestar al instante, quiere decir todo lo que siente y le cae mal, *"El necio muestra en seguida su enojo, pero el prudente pasa por alto el insulto". (Prov. 12:16)* Si alguien te maltrata y no respondes el mundo te dice que eres cobarde, pero Dios dice lo contrario, tú eres una persona prudente.

### III. DIOS DESEA QUE SEAMOS PRUDENTES

A. El Espíritu de Dios quiere que seamos prudentes y controlados. La prudencia es una muestra de sabiduría (*Prov. 13:3*) *"El que refrena su lengua protege su vida, pero el ligero de labios provoca su ruina"*.

B. La templanza es dominio propio y se necesita para "Resolver situaciones difíciles de manera correcta." La templanza es una ayuda que Dios nos da para el momento adecuado.

C. Si hemos de hablar utilizaremos palabras y frases que animen, que estimulen la fe, que levanten el ánimo, que den esperanza, evitando la amargura, la frustración, el enojo, la rabia y la venganza.

1. Hay personas que, por no tener dominio al hablar, han cometido locuras que los marcan para toda una vida.

D. La escritura que hoy nos ocupa nos enseña a ser prudentes para no herir. No todos estamos en el mismo nivel, el aprender a hablar es parte del desarrollo del discípulo. Jesucristo es nuestro modelo. *(1Ped.2:23) quien cuando le maldecían, no respondía con maldición; cuando padecía, no amenazaba, sino encomendaba la causa al que juzga justamente.* Con su poder, Jesús los podía destruir, pero él nos estaba dejando su ejemplo. Personalmente yo era una persona muy blasfema, pero ahora hablo y me conduzco con prudencia.

## CONCLUSIÓN

Seamos atentos a lo que expresen nuestros labios para que toda palabra sea de edificación y ánimo para nuestros oyentes. Menos palabras son más constructivas que una larga platica. *"En las muchas palabras no falta pecado; Mas el que refrena sus labios es prudente"* (Proverbios 10:19).

**ACTÍVATE**

# EL DON DEL LIDERAZGO

*Génesis 1:26-27*

**Introducción:** El objetivo es enseñar que el Liderazgo es un don, una influencia que viene de Dios y que se puede llevar a la madurez a diario con nuestro accionar. Es un regalo que debe ser usado. Hay liderazgo que se nota a flor de piel, en otros está escondido, sepultado por sus pensamientos, por otras personas o por sus propios padres. Un ejemplo de esto es la vida de David que su familia le menospreció.

## ACTÍVATE

El Pastor Bil Hybells dice: *"La iglesia local es la esperanza del mundo, y su futuro, descansa principalmente en las manos de sus líderes"*. Cada uno está llamado a hacer de este mundo un mundo mejor. Dios llama en su tiempo a Ezequiel como líder para la casa de Israel (*Eze.3:17-19*) Ezequiel obedeció y terminó satisfecho.

- Dios es quien aumenta nuestra influencia.
- Dios nos dio dones para servir a otros.

### I. DIOS NOS CREÓ PARA GOBERNAR SU CREACIÓN.

A. los seres humanos no son únicamente una creación, sino que han sido creados a su imagen y semejanza, es decir, están dotados de características tales que les permiten actuar como representantes suyos en el mundo. Según la biblia somos Embajadores. (*2Cor.5:20*)

B. En (*Génesis 1:26*) *"y tenga dominio sobre los peces del mar, las aves de los cielos y las bestias, sobre toda la tierra y sobre todo animal que se arrastra sobre la tierra"*. Desde el *día de su creación, Dios le dijo al hombre*, gobernarás en mi creación. El versículo dice: *"que Dios creo al hombre a su imagen y semejanza"* significa que somos creados a su imagen.

C. Dios quiere que como cristiano se convierta en un líder de influencia en el lugar donde esté. No solo en lo terrenal sino en lo espiritual también. (*Lucas 10:19*) Debes ser líder en la iglesia, en el trabajo, en tu vecindario y en tu familia. Recuerda siempre "Sé líder donde estés".

D. *¿Que habrá temores? los va a ver. Cuatro veces le dice Dios a Josué en la primavera de su liderazgo Se valiente, se valiente Josué...Moisés también tenía temor,* él no empezó abriendo los mares. Pero Dios le dijo a Josué como estuve con Moisés estaré contigo.

E. En ocasiones Dios se siente triste al ver que el mundo desarrolla liderazgos fuertes y muchos hacia el mal. Los carteles, las pandillas, los negociantes, las cadenas de tiendas como Amazon, igual que Starbucks, Walmart son grandes cadenas de tiendas; su personal asiste a seminarios para prepararse y ser lideres. Para todos ellos la palabra líder es motivo de alegría...

## II. DIOS ES QUIEN AUMENTA NUESTRA INFLUENCIA

A. Dios llamó a Saul. *(1 Samuel 10:26)* *"También Saúl se fue a su casa, en Guibeá, y Dios influyó en el ánimo de varios valientes para que lo acompañaran".* Dios influyó en el ánimo de estos valientes para que aceptaran el liderazgo de Saúl. Cuando usted acepta el liderazgo, Dios aumentará tu influencia moviendo el corazón de la gente en tu entorno.

B. Dios ayudó a David. *(1 Crónicas 18:6)* *"Y puso David guarnición en Siria de Damasco, y los sirios fueron hechos siervos de David, trayéndole presentes; porque Jehová daba la victoria a David dondequiera que iba".*

No sé cómo llegue la gente a tu grupo, pero nuestra obligación es darles esperanza.

**ACTÍVATE**

Dios te apoyará y favorecerá tus proyectos para que seas un líder en tu escuela, trabajo, negocio o ministerio. Recuerda que es Dios quien da la victoria y aumenta tu influencia como líder, por lo tanto, depende siempre de Él en todo lo que hagas.

C. La influencia de los apóstoles. *(Hechos 2:46-47) 46 Y perseverando unánimes cada día en el templo, y partiendo el pan en las casas, comían juntos con alegría y sencillez de corazón, 47 alabando a Dios, y teniendo favor con todo el pueblo. Y el Señor añadía cada día a la iglesia los que habían de ser salvos.* "Todos estaban asombrados a causa de las señales que Dios hacía por medio de los apóstoles; *"y cada día el Señor hacía crecer la iglesia aumentando el número de los que eran salvación."* Dios que aumentó la influencia de David y de los Apóstoles, de esta misma manera aumentará la influencia en tu liderazgo, para que crezca día a día.

1. John Maxwell dice "El liderazgo no es un lugar para sentarse". El liderazgo es una decisión que se toma para ser de influencia positiva en la vida de los demás.

### III. DIOS NOS DIO DONES PARA SERVIR A OTROS

A. *(Romanos 12:6 y 8)* "*De manera que, teniendo diferentes dones, según la gracia que nos es dada, si el de profecía, úsese conforme a la medida de la fe; 7 o si de servicio, en servir; o el que enseña, en la enseñanza; 8 el que exhorta, en la exhortación; el que reparte, con liberalidad; el que preside, con solicitud; el que hace misericordia, con alegría.*

B. Dios nos ha dado a todos diferentes capacidades, según lo que él quiso darle a cada uno. No se deje engañar por voces negativas. ¿Qué son estas voces? Las voces internas del enemigo.

C. Pablo nos dice que, si Dios nos autoriza hablar en su nombre, hagámoslo como corresponde a un seguidor de Cristo.

- *Si nos pone a servir a otros, sirvámosles bien.*
- *Si nos da la capacidad de enseñar, dediquémonos a enseñar.*
- *Si nos pide animar a los demás, debemos animarlos.*
- *Si de compartir nuestros bienes se trata, no seamos tacaños.*
- *Si debemos dirigir a los demás, pongamos en ello todo nuestro corazón.*
- *Y si nos toca ayudar a los necesitados, hagámoslo con alegría.* El don de presidir es el don de liderar, y Dios nos pide hacerlo todo con excelencia.

D. "Si debemos dirigir a los demás, pongamos todo nuestro empeño". (*1Corintios 12:27-29*) *"Vosotros, pues, sois el cuerpo de Cristo, y miembros cada uno en particular.* **28** *Y a unos puso Dios en la iglesia, primeramente apóstoles, luego profetas, lo tercero maestros, luego los que hacen milagros, después los que sanan, los que ayudan, los que administran, los que tienen don de lenguas.* **29** *¿Son todos apóstoles?, ¿son todos profetas?, ¿todos maestros?, ¿hacen todos milagros?".*

E. Cuando Dios pensó en ti, te creó con gracias, con talentos, y destrezas. Dios no te dio de su gracia únicamente para tu beneficio. Tus dones no son solamente para tu bien, tus dones son para beneficio de los demás.

## ACTÍVATE

*(1Pedro 4:9-10) "Como buenos administradores de los diferentes dones de Dios, cada uno de ustedes sirva a los demás según lo que haya recibido."* De acuerdo con lo que hemos leído, los dones son dados por Dios para servir a los demás. "Liderazgo es servicio".

**Reflexión:**

- ¿Te has preguntado cuál es tu propósito en la vida?
- ¿Te has preguntado de qué manera puedes usar tus dones para ayudar a alguien?
- Si supieras que Jesús regresa en tres días, ¿De qué manera cambiarías la forma en que usas tu tiempo? ¿Cómo lo invertirías estos días?.

## CONCLUSIÓN

Si todavía no te has comprometido a seguirlo, ¿por qué esperar más? Si estás listo para cruzar la línea de niño a guerrero, toma la decisión de ponerte en las manos de Dios para que Él te use. Que Dios te bendiga y haga resplandecer su rostro sobre ti.

# CAP. 20

# ESCLAVITUD MENTAL

*Juan 8:34-36*

*(Romanos 8:15)* El temor es una esclavitud. *¡Pues no habéis recibido el espíritu de esclavitud para estar otra vez en temor! (Deuteronomio 5:15) "Recuerda que fuiste esclavo en Egipto, y que el Señor tu Dios te sacó de allí con gran despliegue de fuerza y de poder".*

**Introducción:** ¿QUÉ ES ESCLAVITUD? A nivel espiritual: Esclavitud es cuando satanás entra en los campos de nuestra vida humana y espiritual. Lo que nos corresponde este día es liberarnos del yugo de la esclavitud. Hoy tenemos que revisar ciertas verdades y concientizarnos de esas verdades.

ACTÍVATE

## I. VOLVIENDO A TOMAR CADENAS DE ESCLAVITUD

A. Aunque algunas personas han nacido de nuevo llegando a conocer las buenas nuevas, el problema es que, por ignorar su palabra, volvemos a tomar cadenas de esclavitud; enfrentándonos de nuevo a una verdadera batalla espiritual. (*Gálatas 5:1*) *"Estad, pues, firmes en la libertad con que Cristo nos hizo libres, y no estéis otra vez sujetos al yugo de esclavitud".*

B. No importa cuál sea el problema lo importante es reconocer que JESUS vino a la tierra a liberar a los cautivos. Una de las cosas que nos enfurece a cualquiera es cuando te vuelven a cobrar el mismo recibo que un día ya habías pagado. (*Lucas 4:18*) *"El Espíritu del Señor está sobre mí, por cuanto me ha ungido para anunciar buenas nuevas a los pobres. Me ha enviado a proclamar libertad a los cautivos y dar vista a los ciegos, a poner en libertad a los oprimidos.*

## II. LA ESCLAVITUD ES IMPUESTA

A. La esclavitud es impuesta por la fuerza, esto quiere decir que tu no naciste esclavo, te hicieron esclavo, pero sucede como el elefante, uno de los animales más sorprendentes por su fuerza; podría desbaratar fácilmente cualquier construcción etc. sin embargo, el elefante ha sido engañado, ¿cómo? Cuando un elefante es pequeño le ponen una cadena fuerte, el elefante en su naturaleza salvaje lucha hasta que se hiere el mismo por el forcejeo, su tendencia es a la libertad, pero no lo hace porque las cadenas son irrompibles. Pasan los años y llega a ser adulto, el domador sabe que el elefante ya luchó hasta que se cansó y nunca lo intenta más, de esa forma es que cuando uno va a un circo dice que tremendo elefante sujetado con una cuerda delgada, eso significa que el elefante está domado. En el caso del elefante, cuando llega a adulto su naturaleza ha sido doblegada, esto es exactamente lo que nos pasa a nosotros, actuando en forma mecánica, viendo normal el adulterar, fornicar, beber, robar, etc. porque su mente y su cuerpo están esclavizados. Aunque está fácil su liberación, por la sola entrega de su vida a JESUS, satanás le hace sentir las duras cadenas en su mente, lo cual es un espejismo, es solo la mala experiencia de la vida.

B. La esclavitud cautiva la mente y cuerpo. Las áreas de la esclavitud espiritual son la mente y el cuerpo:

- La esclavitud sexual.
- La esclavitud económica.
- La esclavitud de deudas.
- Esclavitud a pecados de diferente índole.

C. Lo peligroso de la esclavitud es que la persona esclava se convierte en un objeto del mal. Ejemplo: Una mujer cae en la esclavitud sexual, esta se acostumbra, y de repente se convierte en instrumento de satanás, ¿cómo? Porque una persona esclava sexualmente invita a otros para llevarlos a vivir una vida de esclavitud, siendo instrumento de las tinieblas. El pecado nunca se satisface a solas. Satanás es bueno para evangelizar su pecado por así decirlo.

ACTÍVATE

## III. LA ESCLAVITUD ARRUINA NUESTRA VIDA

A. Siendo esclavos, satanás, nos oprime porque arruina nuestra economía, y no nos deja disfrutar de dinero o simplemente ataca nuestra salud, y comienzan los endeudamientos, o la dependencia de químicos o fármacos. Hemos dicho: Salí de esta deuda, y luego el otro día te está incitando que entres a otra. Hay personas que toda su vida están endeudadas no importa cuánto dinero ganen. JESÚS nos dijo: *Si El hijo nos liberare seréis verdaderamente libres, (Juan 8:31-38).*

B. El propósito de satanás es convertirnos en esclavos. La Biblia dice claro en (*Juan 10:10*) "el ladrón (satanás), no vino sino para matar, robar y destruir, PERO YO, HE VENIDO para que tengan vida y vida en abundancia".

C. Cómo salir de la esclavitud.

1. **Reconociendo que necesitamos ayuda:** Tenemos que darnos cuenta de que estamos esclavizados. Muchos hombres dependen de drogas, bebidas alcohólicas, de pornografía, de vivir detrás de las novelas, de chistes sucios o de doble sentido, de adulterio, de fornicación, etc. entonces debemos reconocer que nuestra voluntad está esclavizada a fuerzas demoniacas que no entendemos.

2. **Arrepintiéndonos de patrones pecaminosos.** Es decir, de pecados que cometemos y nos alejan de Dios. Muchos lo que dicen es: Mis padres me criaron así y así me muero; esta frase la podemos traducir, mi padre peco, y no le pasó nada a mí tampoco, lo que no entienden es que si los padres ya fallecieron probablemente

están pidiendo exactamente lo mismo que dijo EL RICO, el rico suplicaba que se avisase a sus hermanos, para que no fueran a ese lugar de tormento.

3. **Declarando victoria sobre todas las enfermedades.** La victoria de Jesús debe ser declarada. La Biblia dice que en nuestra boca está la vida y la muerte, también dice que el hombre comerá de los frutos de sus labios, (*Proverbios 18:20-22*) es decir que bíblicamente lo que decimos nos lleva de muerte a vida, y de vida a muerte.

4. **Atesorando y obedeciendo la palabra de Dios.** La Biblia dice en (*Deuteronomio 28:1-3*) *"Acontecerá que, si oyeres atentamente la voz de Jehová tu Dios, para guardar y poner por obra todos sus mandamientos que yo te prescribo hoy, también Jehová tu Dios te exaltará sobre todas las naciones de la tierra. Y vendrán sobre ti todas estas bendiciones, y te alcanzarán, si oyeres la voz de Jehová tu Dios. Bendito serás tú en la ciudad, y bendito tú en el campo".*

## CONCLUSIÓN

Estos requisitos no los vamos a cumplir sin la ayuda de Dios. Dios nos da sus mandamientos y nos ayuda para poderlos cumplir; quizá Pablo quiso un día cambiar, pero no podía por más que lo intentaba, como usted quizá lo ha intentado. En (*Romanos 7:24*) *pablo* dijo: *"¡Miserable de mí! ¿quién me librará de este cuerpo de muerte?"* pero cuando vino Cristo a su vida, pudo decir todo lo puedo en cristo que me fortalece. (*Filipenses 4:13*).

# ACTÍVATE

# FE QUE HACE HISTORIA

*Hebreos 11:1, 1 Pedro 1:6-7, Deut.8:2*

**Introducción:** Por lo general es difícil creer en algo que es imposible de llevar a cabo, sin embargo, el lenguaje de la fe es: creer en lo que no veo porque eso me llevará a verlo. Hemos leído en la palabra de Dios de muchos hombres que se les llamó campeones de la fe. La fe que ellos tuvieron los llevó a hacer historia.

Y es que para hacer historia se necesita ver más allá de la lógica. En hebreos 11 podemos leer los hombres y mujeres que en su momento se armaron de valor para creerle a Dios, aun en cosas que humanamente eran imposibles. Veamos algunos de los muchos ejemplos.

### ACTÍVATE

## I. FE QUE HACE HISTORIA

1. **La fe de Noé.** Noé obedeció y construyó un arca por aproximadamente 120 años antes que el diluvio viniera sobre la tierra. Lógicamente no tenía sentido. *(Hebreos 11:7-12) "Fue por la fe que Noé construyó un barco grande para salvar a su familia del diluvio en obediencia a Dios, quien le advirtió de cosas que nunca antes habían sucedido".*

2. **La fe de Abraham.** Por fe Abraham obedeció el llamado de Dios y salió de su lugar de origen para cumplir el llamado de Dios. *(Hebreos 11:8) "Por la fe Abraham, siendo llamado, obedeció para salir al lugar que había de recibir como herencia; y salió sin saber a dónde iba". (Hebreos 11:17-19) "Por la fe Abraham, cuando fue probado, ofreció a Isaac; y el que había recibido las promesas ofrecía su unigénito, habiéndosele dicho: En Isaac te será llamada descendencia; pensando que Dios es poderoso para levantar aun de entre los muertos, de donde, en sentido figurado, también le volvió a recibir".*

3. **La fe de Moisés.** Por la fe Moisés creyó a Dios y todos pasaron en seco en medio de Mar Rojo. *(Hebreos 11:27) "Por la fe, dejó a Egipto no temiendo la ira del rey; porque como aquel que ve al Invisible se esforzó".*

4. **La fe de Josué.** Por la fe Josué y el ejército de Israel conquistaron Jericó después que los murros cayeran por el poder de Dios. *(Josué 6:1-5) "Ahora, Jericó estaba cerrada, bien cerrada, a causa de los hijos de Israel; nadie entraba ni salía. Mas Jehová dijo a Josué: "Mira, yo he entregado en tu mano a Jericó y a su rey, con sus varones de guerra. Rodearéis, pues, la ciudad todos los*

*hombres de guerra, yendo alrededor de la ciudad una vez; y esto haréis durante seis días. Y siete sacerdotes llevarán siete bocinas de cuernos de carnero delante del arca; y al séptimo día daréis siete vueltas a la ciudad, y los sacerdotes tocarán las bocinas. Y cuando toquen prolongadamente el cuerno de carnero, así que oigáis el sonido de la bocina, todo el pueblo gritará a gran voz, y el muro de la ciudad caerá; entonces subirá el pueblo, cada uno derecho hacia adelante."*

5. **La fe de Elías.** Por la fe Elías oró para que fuego cayera y consumiera el altar frente a los profetas de Baal. (*1Reyes 18:37-*39) *"Respóndeme, oh SEÑOR, respóndeme, para que este pueblo sepa que tú, oh SEÑOR, eres Dios, y que has hecho volver sus corazones. Entonces cayó el fuego del SEÑOR, y consumió el holocausto, la leña, las piedras y el polvo, y lamió el agua de la zanja. Cuando todo el pueblo lo vio, se postraron sobre su rostro y dijeron: El SEÑOR, Él es Dios; el SEÑOR, Él es Dios".*

6. **La fe de Pedro.** Por la fe Pedro caminó sobre el agua antes de que tuviera miedo, etc. Por esa razón hoy quiero motivarte a tener fe, esa fe que va más allá de lo lógico, esa fe que te impulsa a creer en lo que tu mente se rehúsa a creer. (*Mateo 14:28-29*)

A. Quizá estos días has estado a punto de darte por vencido, sientes como que tu fe dejó de existir o simplemente sientes que tu fe no te alcanza para creer que las cosas pueden ser de diferente forma, sin embargo, hoy quiero motivarte a seguir creyendo, a no dudar, a tener la convicción de que Dios es capaz de hacer aun lo que humanamente no es imposible de creer.

### ACTÍVATE

B. Estoy convencido que, si crees, si confías en Dios con todo tu corazón sin dudar un segundo, Dios comenzará a hacer cosas maravillosas en tu vida, en tu matrimonio y esa fe te va a llevar a hacer historia.

## II. CUANDO TENEMOS FE A PESAR DE LA DIFICULTAD, DIOS ENTRA EN ESCENA.

A. *(2Cronicas 20:13-23)* Ningún hombre que hizo historia lo hiso sin creer. No todos han tenido el valor de tener fe en medio de las circunstancias. Cuando un hombre tiene fe a pesar de la dificultad, entonces Dios entra en escena para hacer maravillas entre su pueblo y con ello, la fe de esos hombres y mujeres queda plasmada en la historia de sus vidas.

B. ¿Quieres ser recordado como un hombre de fe?, entonces ¡Cree! ¡Ten fe! Porque Dios puede actuar aun en medio de cualquier caso que se considere perdido. *(Hebreos 11:6) "Pero sin fe es imposible agradar a Dios; porque es necesario que el que se acerca a Dios crea que le hay, y que es galardonador de los que le buscan."* ¡Dios siempre llega en el momento preciso y con la respuesta exacta a nuestra necesidad!

## III. LOS OJOS DE LA FE

A. En mi rancho muchas veces observaba caminar a un ciego, y me sorprendía su capacidad para dirigirse a dónde camina con toda seguridad, pues pareciera que mirara, el caminaba y caminaba a su destino, en momentos se detenía a lo que parecía escuchar el sonido de las carreteras, que estaba por cruzar y luego continuaba su camino. Cuando yo recuerdo esto, no puedo evitar comparar la vida espiritual con la situación de este ciego, pues viene a mi mente el versículo de la Biblia que dice: *"Es, pues, la fe la certeza de lo que se espera, la convicción de los que no se ve" (Hebreos 11:1).*

B. Si comparamos nuestra fe con la vida de un ciego, podemos darnos cuenta que son similares, cuantas veces nos encontramos en situaciones donde no vemos claro, estamos confundidos sobre algo en particular, son momentos donde no vemos la respuesta y no podemos sentir más que desesperación, o miedo al no saber hacia dónde nos dirigimos, sin embargo, así como el ciego hace uso de sus demás sentidos; así nosotros tenemos oídos y tacto espirituales, contamos con la guía de Dios y por medio de los ojos de la fe, Él nos lleva a lugares inimaginables.

C. Muchas veces perdemos el enfoque y el tiempo mirando hacia alrededor, y caemos en la desesperación para terminar hundiéndonos como le pasó a Pedro. (*Mateo 14:29-31*) ¿Te imaginas qué pasaría si un ciego caminara desesperado? Yo creo que su desesperación lo llevaría por un camino equivocado, o peor aún, sufrir la muerte.

## CONCLUSIÓN

Caminar en fe, es tener en cuenta que, aunque por momentos vamos a oscuras, sabemos que Dios se encarga de abrir camino, podemos estar seguros de que no vamos caminando solos, sino que su mano nos lleva seguros, aunque a veces es difícil ante la vista humana, ver con los ojos de la fe es más sencillo y seguro.

Dale a Dios un voto de confianza, deja que sea quien te dirija en ese camino que hoy puede parecer incierto y lleno de oscuridad, mira, pero con los ojos de la fe y

## ACTÍVATE

tendrás un final feliz.

# DIOS MANIFESTADO EN CARNE

*(1 Timoteo 3:16)*

*"Y sin contradicción, grande es el misterio de la piedad: Dios ha sido manifestado en carne; ha sido justificado con el Espíritu; ha sido visto de los ángeles; ha sido predicado a los Gentiles; ha sido creído en el mundo; ha sido recibido en gloria".*

**Introducción:** La palabra de DIOS deja claro, que Jesús es totalmente DIOS y totalmente Hombre. El profeta Isaías conocido como el profeta mesiánico, profetizó también que el Mesías se llamaría "Emanuel"; que significa DIOS con nosotros. (*Isaías 7:14, Mateo 1:23*).

ACTÍVATE

## I. DIOS MISMO VENDRÁ.

Para el profeta Isaías no había duda de quién era el Mesías el niño que habría de nacer; él lo declara y afirma que es: "DIOS mismo"

1. *(Isaías 9:6) "Porque un niño nos es nacido, hijo nos es dado, y el principado sobre su hombro; y se llamará su nombre Admirable, consejero, Dios Fuerte, Padre Eterno, Príncipe de Paz.*

2. *(Isaías 35:4-6) "Decid a los de corazón opacado: Esforzaos, no temáis; he aquí que vuestro Dios viene con retribución, con pago; Dios mismo vendrá, y os salvará. **5** Entonces los ojos de los ciegos serán abiertos, y los oídos de los sordos se abrirán. **6** Entonces el cojo saltará como un ciervo, y cantará la lengua del mudo; porque aguas serán cavadas en el desierto, y torrentes en la soledad".*

3. *(Isaías 52:6) "Por tanto, mi pueblo sabrá mi nombre por esta causa en aquel día; porque yo mismo que hablo, he aquí estaré presente.*

## II. PROFECÍA DE LA VOZ QUE PREPARA EL CAMINO A JEHOVÁ.

A. La profecía de "la voz que prepararía el camino a Jehová". *(Isaías 40:3-5)*, Esa voz era Juan Bautista "preparando camino a Jehová". *(Mateo 3:1-3) "En aquellos días vino Juan el Bautista predicando en el desierto de Judea, **2** y diciendo: Arrepentíos, porque el reino de los cielos se ha acercado. **3** Pues este es aquel de quien habló el profeta Isaías, cuando dijo: Voz del que clama en el desierto: Preparad el camino del Señor, Enderezad sus sendas.*

B. El profeta miró cuatrocientos años atrás el sufrimiento de Jesús a quien "traspasaron", que es el mismo Jehová.

   1. *(Zacarías 12:8-10) "En aquel día Jehová defenderá al morador de Jerusalén; el que entre ellos fuere débil, en aquel tiempo será como David; y la casa de David como Dios, como el ángel de Jehová delante de ellos. 9 Y en aquel día yo procuraré destruir a todas las naciones que vinieren contra Jerusalén. 10 Y derramaré sobre la casa de David, y sobre los moradores de Jerusalén, espíritu de gracia y de oración; y mirarán a mí, a quien traspasaron, y llorarán como se llora por hijo unigénito, afligiéndose por él como quien se aflige por el primogénito".*

   2. *(Juan 19:36-37) "Porque estas cosas sucedieron para que se cumpliese la Escritura: No será quebrado hueso suyo. 37 Y también otra Escritura dice: Mirarán al que traspasaron.*

   3. *(Apocalipsis 1:7) "He aquí que viene con las nubes, y todo ojo le verá, y los que le traspasaron; y todos los linajes de la tierra harán lamentación por él. Sí, amén".*

## III. ENTENDIENDO LA MANIFESTACIÓN DE DIOS EN UN CUERPO DE CARNE.

A. DIOS es Espíritu y un espíritu no tiene carne ni sangre por lo cual debería manifestarse en un cuerpo de carne (*Génesis 1:2, Mateo 1:20-21*). *"El hijo que nacerá, llamará su nombre "Jesús" Y será llamado "Hijo de DIOS", (Lucas 1:35: 1ª Timoteo 3:16, Colosenses 2:8-9, Juan 1:1, Juan 1:14, 2ª Corintios 5:18-19, Hebreos 2:14, Romanos 9:5, Juan 14:8-11).*

B. Jesucristo es Dios. Las sagradas escrituras abundan en este tema en especial en el Nuevo Testamento. Muchas escrituras testifican que Jesucristo es DIOS.

1. *(1 Juan 5:20) "Pero sabemos que el Hijo de Dios ha venido, y nos ha dado entendimiento para conocer al que es verdadero; y estamos en el verdadero, en su Hijo Jesucristo. Este es el verdadero Dios, y la vida eterna".*

2. 2 Pedro 1:1, Tito 2:13, Juan 20:28, Colosenses 2:9, 2ª Corintios 3:17, 1 Timoteo 3:16, Juan 1:1, Juan 1:14. Apocalipsis 1:8, Apocalipsis 17:14 Judas 1:25.

## IV. JESÚS ES EL PADRE

A. NO es otra persona de DIOS; tampoco es otro dios u otro ser espiritual; es el mismo DIOS manifestándose en carne. *(Isaías 9:6, Hebreos 1:5-6, Hebreos 1:8).*

1. *"Si me conocieseis a mí, también a mi Padre conoceríais" (Juan 8:19).*

2. *"...si no creéis que yo soy...". (Juan 8:24).*

3. *"Yo y el Padre uno somos". (Juan 10:30).*

4. *"...el que me ve, ve al que me envió". (Juan 12:45).*

5. *"...desde ahora le conocéis, y le habéis visto"* al Padre. *(Juan 14:7).*

6. "...el Padre está en mí, y yo en el Padre". (Juan 10:38).

7. "Y aquel Verbo (DIOS) fue hecho carne...". (Juan 1:14).

8. "¿Tanto tiempo hace que estoy con vosotros...". (Juan 14:9).

9. "Cualquiera que se extravía, y no persevera en la doctrina de Cristo, no tiene a Dios; el que persevera en la doctrina de Cristo, ése sí tiene al Padre y al Hijo". (2 Juan 1:9).

## CONCLUSIÓN

Que hermoso es recibir la revelación y el conocimiento del Dios verdadero. (*Mateo 11:27*) *"Todas las cosas me fueron entregadas por mi Padre; y nadie conoce al Hijo, sino el Padre, ni al Padre conoce alguno, sino el Hijo, y aquel a quien el Hijo lo quiera revelar"*. ¡Que Él nos lo haya revelado este grande misterio es una gran bendición!

**ACTÍVATE**

## CAP. 23

# LA UNCIÓN PUDRE EL YUGO

*Isaías 10:27 2 Reyes 2:9*

**Introducción:** La carga que ofrece el diablo es pesada, te aprisiona y te ata. La carga de Jesús es liviana ¿Sabe por qué? ¿Por qué Jesús invita a las personas venir a él? Porque todos estamos cargados, de preocupaciones y problemas.

## I. SIGNIFICADO DE UNCIÓN

A. Palabras hebreas que describen la UNCIÓN: Su raíz principal significa consagrar, inundar. Esta palabra significa riquezas, prosperidad. Cuando la unción llega a la vida de la persona, esta persona es rica, y prosperada no en dinero ni materialismo sino en poder de Dios para Predicar; cuando Dios unge es porque quiere sacar del montón a quien unge y quiere apartarlo para una tarea especial.

   1. La persona ungida rebosa de ese aceite. Salmos 23 (El que tiene la unción lo tiene todo. No es pecado que usted le pida a Dios una doble unción como la pidió Eliseo).

B. La unción, es el acto en el cual Dios consagra, unge y capacita con sus virtudes, con el propósito de que le sirva para su obra. (DIOS ES QUIEN CAPACITA), Pedro y Juan eran considerados hombres del vulgo. Cuando el Espíritu de Dios viene sobre la persona, el hombre es mudado en otro hombre. *"Entonces el Espíritu de Jehová vendrá sobre ti con poder, y profetizarás con ellos y serás mudado en otro hombre"* (*1 Samuel 10.6*).

C. Muchos queremos ser usados por Dios, queremos ver sus milagros, ver los enfermos sanarse, los endemoniados ser libertados. Pero para poder lograrlo se requiere que dediquemos tiempo a solas con el Señor, debemos pagar ese precio de poder entrar hasta donde está su presencia.

   1. La Biblia enfatiza que, donde está el Espíritu de Dios allí hay libertad (*2 Corintio 3:17*). Por lo tanto, no importa que tan fuerte sea el yugo, el yugo de esclavitud se pudre y se rompe a causa de la unción.

## II. LA UNCIÓN NOS CAPACITA PARA MORIR

A. Todo creyente que anhela moverse en la unción del Espíritu Santo tiene que estar dispuesto a morir, a negar su ego todos los días, a obedecer a Dios en todo momento y aun sacrificar sus deseos personales.

B. ¿Cómo es que Dios nos lleva a la muerte de nuestro ego? El proceso que Dios usa implica desiertos, tribulaciones, pruebas y tormentas, entre otros. Dios quiere intimidad con sus hijos y para que haya unción verdadera debemos pasar momentos de intimidad con Dios.

1. *(Lucas 5:16)* "*Más él se apartaba a lugares desiertos, y oraba*".
2. *(Mateo 14:23)* "*Despedida la multitud, subió al monte a orar aparte; y cuando llegó la noche, estaba allí solo*".
3. *(Mateo 6:6)* Jesús dijo: "*Mas tú, cuando ores, entra en tu aposento, y cerrada la puerta, ora a tu Padre que está en secreto; y tu Padre que ve en lo secreto te recompensará en público*".

## III. LA UNCIÓN QUE PUDRE EL YUGO

A. El Diablo nos ha quitado mucho, porque nosotros le hemos permitido. Ha tomado nuestro territorio, ha tomado a gente que amamos, a nuestros familiares metiéndolos en vicios y en drogas. El enemigo se levanta como río para destruir a las iglesias, a creyentes, a nuestra familia, matrimonio y ministerio. Pero *(Isaías 59:19)* dice que, aunque todo esto acontezca "*¡El Espíritu de Jehová levantará bandera!* Es tiempo de levantarnos y

## ACTÍVATE

ser ungidos por Dios para hacer la obra de Dios y detener el avance del enemigo.

B. ¿Qué es la unción? La unción es una investidura de poder, no es solo danzar y hablar en lenguas. En la antigüedad se ungían a reyes, sacerdotes, profetas para una misión, un servicio. Siempre que el Señor, elegía a un hombre para hacerlo rey o sacerdote, los mandaba a ungir, haciéndoles derramar aceites sobre sus cabezas; esa era una regla o norma desde la antigüedad. por ello el aceite que se usaba se le llamaba el aceite de la santa unción.

C. La unción, es eso que te convierte de un hombre ordinario a uno extraordinario. Ya usted no es el mismo. Un ejemplo es: Sansón, Saúl, David, (1Samuel. 16:13) *"Y Samuel tomó el cuerno del aceite, y lo ungió en medio de sus hermanos; y desde aquel día en adelante el Espíritu de Jehová vino sobre David".*

D. Este ungimiento le da la capacidad de hacer cosas que nunca soñó que podía hacer en su vida natural. Los discípulos antes de Pentecostés, no tenian mucho exito, pero luego de haber sido investidos con el poder de lo alto fueron personas diferentes (no perfectas), pero si diferentes.

E. Dios nos está dando la unción, la herramienta perfecta y necesaria para realizar la misión, para asegurar nuestra victoria sobre las fuerzas enemigas de Satanás, ellos no podían moverse hasta que no fueran investidos con el poder de lo alto.

F. Un cristiano sin la unción no es lo suficientemente efectivo para Dios. Cuando la unción viene sobre uno, es cuando somos victoriosos ¡Porque el yugo del Diablo se pudrirá a causa de la unción! Esa unción que viene sobre usted lo hace diferente. *(Isaías 10: 27).*

1. Te conviertes en el cazador en vez de la presa.
2. Moverás el infierno en vez de que el infierno te mueva.
3. El diablo te temerá en vez de que tú le temas.
4. Tu estarás en constante victoria mientas que el enemigo estará en constante derrota.
5. Tú estarás siempre creciendo mientras que el Diablo estará menguando.

G. Tu no podrás ser un vencedor por tus propias fuerzas, sino por la fuerza del Espíritu Santo que está en ti. *"No es con fuerza ni con espada, sino con mi santo espíritu ha dicho Jehová". (Zacarías 4:6)* Dios, quiere darte esa unción. *(Mateo 7:11) "Si vosotros padres siendo malos sabéis dar buenas dádivas a vuestros hijos, cuanto más vuestro Padre que está en los cielos dará el Espíritu Santo al que se lo pida".*

## IV. LA UNCIÓN TE HACE DIFERENTE

A. Sansón era un hombre bajo la unción*: (Jueces 14:6)* dice: *"Y el Espíritu de Jehová vino sobre Sansón, quien despedazó al león como quien despedaza un cabrito, sin tener nada en su mano; y no declaró ni a su padre ni a su madre lo que había hecho".* Sansón pudo hacer todas estas cosas, porque la unción vino sobre él, y eso es lo que tú y yo necesitamos para afirmarnos en el Señor.

B. Tenemos hombres y mujeres con ministerios, pastores, misioneros, evangelistas, maestros que van a ser ungidos.

C. Dios nos ha escogido y nos ha encomendado la tarea de predicar el evangelio. La Biblia lo dice: en *(Joel 2:29)* que él derramará de su Espíritu sobre siervos, y ese derramamiento es para que cumplamos con la misión que se nos ha encomendado.

D. Cuando estás ungido nada ni nadie te intimida, un ungido no retrocede, y siempre va hacia delante. Quiero decirle que lo único que respeta el diablo es: a un cristiano ungido, y a una iglesia ungida. Hermano: este día busca la unción de Dios y el yugo del diablo se pudrirá a causa de la unción.

## CONCLUSIÓN

Le invito a levantar un altar y buscar esa unción que Dios quiere derramar ahora sobre usted. No se rinda ni se dé por vencido hasta que Dios le dé lo que le prometió. Dígale a Jesucristo... NO TE SUELTO, HASTA QUE NO ME BENDIGAS.

# CUANDO DIOS TE LLEVA A UN DESIERTO

*Job 7:17-18, 23:10*

**Introducción:** Cuando atravesamos un desierto, una crisis de salud, un problema familiar o personal; de inmediato pensamos que todo se trata de un ataque del enemigo que no deberíamos aceptar. Sin embargo, esta escritura nos recuerda que los desiertos no son cuestiones de "mala suerte" o ataques del enemigo. Ellos pueden ser lugares de transformación que Dios usa para nuestro bien.

## ACTÍVATE

## I. EL PROPÓSITO DE DIOS EN EL DESIERTO

A. El libro del Éxodo es uno de los libros más importantes de la Escritura. Ahí vemos cómo Israel había sido liberado de Egipto con la esperanza de una tierra de abundancia y paz. Pero luego de cruzar el Mar Rojo y presenciar la destrucción del ejército, lo que Israel vio no fue la tierra prometida, **¡sino un desierto!**

B. Aquella congregación, se enojó y reclamó *(Éxodo 16:1-3)*. ¿Se había equivocado Dios? ¿Acaso su plan era sacarlos de Egipto para luego matarlos en el desierto? ¡No! El desierto no fue un descuido de Dios. Moisés les recordó estas palabras: *"Y te acordarás de todo el camino por donde te ha traído Jehová tu Dios estos cuarenta años en el desierto, para afligirte, para probarte, para saber lo que había en tu corazón, si habías de guardar o no sus mandamientos". (Deuteronomio 8:2-4).*

C. El desierto traería a la luz lo que había en sus corazones y cuál era su nivel de fe en Dios. Los cristianos no sabemos cuanta fe tenemos hasta que enfrentamos la prueba.

D. "Dios los había sacado de Egipto, pero ahora necesitaba sacar a Egipto de sus corazones". *(Éxodo 16:1-3)* Esto solo sería posible a través del desierto, un proceso doloroso que va en contra de nuestra naturaleza, porque nadie quiere sufrir. Todos buscamos satisfacción inmediata. Por ejemplo, cuando oramos no solo deseamos obtener lo que pedimos, sino una respuesta inmediata.

E. La vida en el desierto no es el plan de Dios. Él creó al hombre y lo puso en el Edén. Sin embargo, el pecado introdujo la muerte, y la sequía espiritual.

Dios, busca que volvamos nuestros corazones a Él, y eso fue lo que hizo con Israel en el desierto. Dios los llevó al desierto intencionalmente. *"Él te humilló [en el desierto], y te dejó tener hambre..."* *(Deuteronomio, 7-10).*

## II. EL DESIERTO ES UN LUGAR DE TRANSFOMACIÓN

A. Moisés recuerda al pueblo sobre los 40 años del desierto y a la vez les dice el por qué y el para qué. Todo lo que Dios hace, en especial con su pueblo, lo hace con propósitos específicos. Así es como trabaja Dios en nuestra vida.

B. Todos atravesamos desiertos en nuestra vida; desierto de soledad, de pruebas, de abatimiento, de enfermedad, de escasez, de rechazo, etc. Pero debes saber que él tiene un propósito. Los planes para Moisés eran grandes y Dios preparó su escuela (De príncipe al desierto), así lo hizo con el apóstol Pablo: (De fariseo a la persecución).

C. Cuando Dios los pasa por el desierto, les menciona tres cosas como plan en sus vidas: para *afligirlos*, para *probarlos*, para saber lo que había en su corazón, *para saber si habían de guardar sus mandamientos*.

D. ¿Cuál es el fin del desierto?

  I. **Para afligirte.** Él quiere formar tu carácter. (*Isaías 48:10*) *"He aquí te he purificado, y no como a plata; te he escogido en horno de aflicción"*. La buena noticia es que el Señor no te dejará padecer más de lo que puedas soportar. (*Salmos 107:4-7*).

2. **Para probarte.** Dios quiere hacerte un examen para ver tu nivel de fe. (*Salmos 7:9) "porque el Dios justo PRUEBA la mente y el corazón. (1 Pedro 1:6) "En lo cual vosotros os alegráis, aunque ahora por un poco de tiempo, si es necesario, tengáis que ser afligidos en diversas Pruebas.* Dios nos prueba en la escasez y también en la abundancia, así como probó a Job y a su esposa, como probó también a Pablo. (*Job 1:20-22), (Filipenses 4:11-12).* Israel se sació y se olvidó. (*Deuteronomio 32:18-20).*

a) Muchos en el problema comienzan a renegar, Ignoran que Dios los ha llevado al desierto con un propósito especial para sus vidas.

b) Debes darte cuenta de que en medio de la prueba Dios está contigo. *(Genesis 39:21) "Pero Jehová estaba con José y le extendió su misericordia, y le dio gracia en los ojos del jefe de la cárcel. (Daniel 6:20-22) "Y acercándose al foso llamó a voces a Daniel con voz triste, y le dijo: Daniel, siervo del Dios viviente, el Dios tuyo, a quien tú continuamente sirves, ¿te ha podido librar de los leones?* **21** *Entonces Daniel respondió al rey: Oh rey, vive para siempre.* **22** *Mi Dios envió su ángel, el cual cerró la boca de los leones, para que no me hiciesen daño, porque ante él fui hallado inocente; y aun delante de ti, oh rey, yo no he hecho nada malo.*

3. **Para saber que hay en tu corazón.** En los desiertos experimentamos el quebranto, se limpia el corazón, se pule tu fe, se acaba el orgullo y muchas cosas más. En muchas ocasiones dentro del corazón se abrigan secretos, no agradables ante Dios.

En algunos corazones hay odio, rencor, envidia, codicia, orgullo, avaricia, engaño, tristeza, etc.

a) El desierto nos quebranta. *(Salmos 119:67)* *"Antes que fuera yo humillado, descarriado andaba; Mas ahora guardo tu palabra".*

## III. NUESTRO PAN ESPIRITUAL

A. *(Deuteronomio 8:3)* El Señor quería enseñarle a su pueblo y a cada uno de nosotros hoy, que no solo de pan vivirá el hombre. En el desierto, toda fuente de seguridad y estabilidad desaparece, se hace necesario depender solamente de Él. El pueblo que murió en el desierto, no murió debido al hambre ni por lo duro del desierto *(Deuteronomio 8:4),* sino por su incredulidad y rebeldía en la Palabra de Dios. *(Números 32:13-14).*

B. Cuando camines por el desierto y te sientas solo, serás tentado a dudar de Dios y preguntar si él existe. También quizá serás tentado a murmurar contra Él y olvidar las maravillas que ha hecho en el pasado. Dios nos llama a remover la basura, la murmuración y el deseo de ver más señales *(Juan. 6:30).*

C. Después que Dios te pase por un desierto, Él te bendecirá mucho más. *(Deuteronomio 8:15-16)* Job pasó por el desierto, pero al final Dios lo bendijo doblemente. Si estás pasando por algún tipo de desierto, ven a la presencia de Dios, porque al final de ese desierto serás bendecido. *(Job 42:12)* *"Y bendijo Jehová el postrer estado de Job más que el primero.*

ACTÍVATE

## CONCLUSIÓN

No sé por qué desierto estés cruzando ahora, pero lo que sí sé, es que Dios tiene propósitos para tu vida. No importa si tu desierto se llama desempleo, desierto matrimonio, enfermedad, o muerte. Al salir de allí, tú no serás el mismo; serás una mejor persona o también una peor persona. Terminarás convirtiéndote en alguien más maduro en el Señor y más sensible a su voz... o posiblemente más amargado, y cínico. ¡Pero jamás saldrás igual!

¿Ahora que lo sabes, estarás dispuesto a dar gracias en el desierto? *(1 Tesalonicenses 5:16-18), "den gracias a Dios en toda situación, porque esta es su voluntad para ustedes en Cristo Jesús". (Job 1:21-22).*

# CAP. 25

# CÓMO ABRIR CANALES DE BENDICIÓN

**Prov.28:27; 2Cor.9:6-8**

**Introducción:** Las bendiciones son múltiples y generacionales. (*Deuteronomio 7:9*) Una de las tendencias como personas es vivir egoístamente. Si usted quiere experimentar un nuevo nivel del gozo, si usted quiere las bendiciones y el favor de Dios en su vida, entonces tendrá que dejar de pensar sólo en usted mismo. Tiene que aprender a ser una persona que da y no sólo que recibe. Deje de pensar lo que todos pueden hacer por usted, y comience a ver lo que usted puede hacer para ellos. Usted nunca se sentirá verdaderamente feliz como persona, hasta que aprenda el secreto de dar. Dios nos creó para ser dadores.

ACTÍVATE

## I. SEMBRAR SEMILLA PARA RECIBIR FRUTO

A. Cuando estoy tan involucrado en mi "yo", es como activar una alarma para la depresión y el desánimo. Debemos de cambiar el enfoque de nuestra vida.

   1. Tal vez no se ha fijado que siempre anda pensando en sus problemas, siempre viendo lo que usted necesita y quiere, sin ver necesidades que tienen las personas que se encuentran a su alrededor.

B. Comience sembrando semillas para que Dios le dé una cosecha. Si usted quiere que sus sueños se realicen, ayude a alguien a hacer realidad los suyos. *(Proverbios 19:17) "A Jehová presta el que da al pobre, Y el bien que ha hecho, se lo volverá a pagar". (Lucas 6:38) "Dad, y se os dará; medida buena, apretada, remecida y rebosando darán en vuestro regazo; porque con la misma medida con que medís, os volverán a medir".*

C. Un hombre desilusionado de Dios. Aunque este hombre había tenido mucho éxito, un día perdió su negocio, su familia, su casa y todos sus ahorros y ahora estaba básicamente viviendo en la calle y con una depresión profunda. Alguien le aconsejó: "debe quitar su mente de sus problemas" tiene que cambiar su enfoque y salir a ayudar a otra persona necesitada; tiene que sembrar algunas semillas." El hombre prometió hacerlo. En lugar de quedarse triste, pensando en el gran fracaso que había vivido, comenzó a pasar su tiempo ayudando a los indigentes. Se hizo amigo de varios de ellos, escuchando sus luchas, animándolos, orando por ellos. Él se convirtió en un dador. Unas semanas más él apareció en la iglesia, luego el pastor dijo: Nunca olvidaré verlo caminar por la entrada de la iglesia. Él había pasado las últimas dos semanas cuidando a algunos adictos a la cocaína. Luego este hombre dijo nunca haber sentido tanto gozo en su vida" y dijo: Lamento haber estado toda mi vida viviendo para mí mismo.

D. "Sepa que por grande que esté su problema, hay alguien que tiene un problema más grande que el suyo. Cuando usted ayuda a personas necesitadas, Dios se asegurará que sus propias necesidades sean suplidas. Si hoy se siente solo, no se quede sentado, salga y ayude a otra persona sola.

E. Si está desanimado, deje de pensar en sí mismo y vaya a ayudar a otros. Visitando un asilo para ancianos. Hable por teléfono con un amigo y anímale; siembre semilla para que Dios le traiga una cosecha abundante.

## II. USTED TIENE MUCHO PARA DAR

A. Puede pensar que no tiene nada para dar". ¡Claro que sí tiene!

1. Puede dar una sonrisa, o un abrazo.
2. Puede cortar el pasto y arreglarle el jardín a un anciano.
3. Puede hacerle un pastel a un enfermo o a un amigo en necesidad.
4. Puede visitar un asilo de ancianos.
5. Puede escribirle una carta de ánimo a un amigo.
6. Alguien necesita su sonrisa.
7. Alguien necesita su amor.
8. Alguien necesita su amistad.

En verdad, todos nos necesitamos los unos a los otros.

## ACTÍVATE

B. "El abrazo rescatador" Un par de mellizos que tenían días de nacidos, uno de ellos presentaba una enfermedad cardiaca muy seria. A los pocos días de nacido, la salud de la niña se había deteriorado tanto que estaba a punto de morir, cuando una de las enfermeras del hospital pidió un permiso especial para colocar a los dos bebés en una misma incubadora, en lugar de separados. Fue todo un lio, pero finalmente el doctor accedió a poner a los dos en una sola incubadora, así como habían estado en el vientre de su madre. De alguna manera, el niño sano consiguió poner su brazo encima de su hermanita enferma. Al poco tiempo, y sin ninguna razón aparente, su corazón se comenzó a estabilizar y a sanar, y su presión sanguínea se normalizó; luego su temperatura también se corrigió y hoy en día los dos bebés son niños completamente sanos.

C. Entienda que alguien necesita su abrazo el día de hoy. Alguien necesita su amor, alguien necesita sentir su toque. Aunque usted no se haya percatado de ello, hay sanidad en sus manos, hay sanidad en su voz y Dios quiere usarle para traer esperanza, sanidad y amor a las personas que le rodean.

### III. QUE SU ENFOQUE SEA SER UNA BENDICIÓN

A. Si se atreve a quitar sus ojos de sus propios problemas, y a buscar cómo ser bendición para otras personas, Dios hará por usted más de lo que pueda pedir o pensar.

1. Cuando su vida gira alrededor de usted mismo, no sólo se pierde de lo mejor de Dios, sino que también les roba a otras personas el gozo y las bendiciones que Dios quiere darles a través de usted.

B. Nos debemos animar los unos a los otros cada día. *(1Tesalonicenses 5:11)* Dios quiere que edifiquemos a las personas, que seamos una bendición, hablando palabras de fe y victoria a sus vidas. Es fácil criticar y condenar, mirar las faltas y fracasos de todo mundo, pero Dios quiere que seamos canales de bendición. Quizá usted pueda estar pensando: " yo no tengo tiempo, estoy muy ocupado".

1. ¿Cuánto tiempo se toma para darle a alguien una felicitación?
2. ¿Cuánto tiempo se puede tardar en decirle a su esposa "Té amo? ¿eres una gran persona y me da gusto que eres mi esposa?".
3. Cuánto tiempo se puede tomar decirle a su empleado: "Estás haciendo un buen trabajo, gracias por todo lo que haces".

C. No es suficiente pensar algo bueno de las personas; tenemos que expresarlo. Deberíamos de levantarnos cada mañana con una actitud que diga: Hoy haré contenta a una o dos personas. Ayudaré a suplir la necesidad de otra persona. No viva su vida como alguien que solamente hace las cosas para sí, conviértase en una persona dadivosa.

D. Cuando nos preocupamos por ser una bendición, Dios se encargará de que veamos bendiciones en abundancia. Anécdota. Nunca olvidaré dijo un joven, que cuando a mi mamá le diagnosticaron cáncer incurable, ella salió del hospital y en lugar de sumirse en la depresión, en lugar de fijar su mirada en su necesidad, en el momento más oscuro de su vida, ella oraba por otras personas con necesidades, y de esa manera sembró semillas, y conforme comenzó a ayudar a otras personas necesitadas, su propia luz resplandeció y su propia sanidad llegó.

E. Muchos buscando ser bendecidos. "Dios, ¿qué puedes hacer por mí? Dios, aquí está mi lista de peticiones. ¿Las podrías contestar para el próximo martes?

Deberíamos pensar más en cómo ser bendición en lugar de buscar ser bendecidos. Porque la verdad es que entre más ayudemos, más se asegurará Dios que nosotros recibamos ayuda.

## CONCLUSIÓN

Vasado a esto: Tenga una actitud que diga: ¿A quién puedo bendecir hoy? En lugar de: ¿Cómo puedo ser bendecido hoy? Lo triste es que muchas personas viven con las manos cerradas, con su mente puesta en cuidar lo suyo. Son egoístas con su dinero, con sus recursos y con su tiempo. Y, ¿cómo está usted? ¿Se encuentra tan enfocado que no obedece esa quieta voz cuando Dios le dice que bendiga a otros? Abra sus manos; no las cierre porque Dios no puede llenar un puño cerrado.

# APRENDIENDO PARA DIRIGIR

(1Cor.15:58; Ecle.12:9-10)

***Introducción:*** Escuchar y leer toma aproximadamente diez veces más tiempo que hablar. Esto le asegurará que está en un proceso de continuo aprendizaje y mejoramiento. Si usted quiere crecer en su liderazgo tiene que mantenerse aprendiendo.

**ACTÍVATE**

## I. SUPERA TU ÉXITO

A. Erróneamente, algunas personas creen que, al ganar un grado académico, alcanzar una posición deseada, recibir un reconocimiento o lograr un objetivo financiero, ya no tienen que crecer más.

B. Si lo que usted hizo ayer todavía le parece grande, es porque no ha hecho mucho hoy. Si un líder es efectivo y luego deja de crecer, desde ese día empezará a perder su potencial ya sea individual u organizacional. **Recuerda las palabras «mientras esté verde, está creciendo, en cuanto madura comienza a podrirse.**

C. **Despójese de su orgullo.** Aprender requiere admitir que no lo sabemos todo. Además, si nos mantenemos aprendiendo, también seguiremos cometiendo errores. Para ganar crecimiento, renuncie al orgullo.

D. Como líder esté dispuesto a aprender, cometeremos errores, pero recuerde siempre qué fue lo que le enseñaron estos errores. Si no lo hace, pagará por ellos más de una vez. El líder que sigue cometiendo los mismos errores, no progresa.

## II. SEA HUMILDE PARA RECONOCER SUS ERRORES

A. Cuando David fue proclamado rey, su corazón se enorgulleció y abusó de su poder. Embarazó a una mujer ajena y después mató al esposo a través de engaños. Entonces el profeta Natán, en nombre de Yahvé fue y le hizo ver su pecado contándole una parábola, en la que le hacía ver la crueldad de un poderoso comiéndose lo poco que tenía un pobre.

El rey se enojó en contra de aquel rico y dijo que merecía la muerte, pero Natán le hizo ver que él mismo era ese bandido. Entonces David reconoció su gran pecado y pidió perdón. *(2Sam 12,4-7,13).*

B. David reconoció su gran error y terminó siendo el mejor rey de Israel. *Sal. 51:4 Contra ti, contra ti solo he pecado, Y he hecho lo malo delante de tus ojos.*

C. Para mejorar su habilidad de aprender haga lo siguiente: Observe cómo reconoce sus errores. La pregunta es: ¿Reconoce sus errores? ¿Se disculpa cuando corresponde? Si reacciona en mala forma, necesita trabajar en su carácter.

D. **Intente algo Nuevo.** Abandone su rutina hoy y haga algo distinto que le obligue mental, emocional o físicamente. Los retos nos hacen mejorar. Si quiere empezar a crecer, haga de los nuevos retos parte de su actividad diaria.

E. **Aprenda en su área fuerte.** Lea de seis a doce libros al año sobre liderazgo o sobre su campo de especialidad. Continuar aprendiendo en un área donde ya es un experto evitará que se agote y se convierta en alguien que no aprende. *Sí quiere ser campeón mañana, tiene que estar dispuesto a aprender hoy.*

## III. PONGA A LOS DEMÁS PRIMERO

A. El verdadero líder sirve a la gente. La primera señal de servicio es su habilidad de poner a otros antes de usted mismo y de sus deseos personales. Significa estar consciente de las necesidades de su personal. La verdad es que los mejores líderes desean servir a otros, no a ellos mismos.

## ACTÍVATE

B. Sirve por amor. El servidor no es motivado por manipulación o por autopromoción, sino por amor. El alcance de su influencia dependerá de su preocupación por otros. Los grandes líderes ven la necesidad, aprovechan la oportunidad, y sirven sin esperar nada a cambio.

C. ¿Dónde está su corazón cuando se trata de servir a otros? ¿Está motivado por un deseo de ayudar a otros? Si realmente quiere llegar a ser el tipo de líder que la gente quiere seguir, tiene que decidirse ser un servidor. Si su actitud es que le sirvan más que servir, tendrá problemas. *Es verdad que aquel que quiera ser grande tiene que ser como el más pequeño y el siervo de todos. Mar. 10:42-45. Cada uno según el don que ha recibido, adminístrelo a los otros, como buenos dispensadores de las diferentes gracias de Dios 1Ped.4:10.*

D. Deje de buscar sus propios beneficios y empiece a servir a otros. **1 Cor. 10-24,33:** *"Nadie busque su propio bien, sino el de su prójimo. 33 como también yo en todas las cosas complazco a todos, no procurando mi propio beneficio, sino el de muchos, para que sean salvos".* Deje de actuar en busca de ventajas personales y empiece a arriesgarse por el beneficio de otros.

## IV. ¿QUÉ HACER PARA MEJORAR MI SERVICIO?

A. Comience a hacer cosas pequeñas. ¿Cuándo fue la última vez que hizo pequeños actos de amabilidad por otros?

1. Empiece con los que están más cerca a usted: esposo o esposa, hijos, padres. Encuentre

formas de hacer cosas simples que muestren a otros su preocupación e interés por ellos.

2. Haga el propósito de conectarse con ellos. Concéntrese en cada persona que se encuentre presente.

3. Aprenda sus nombres si no lo sabes. Trate de conocer las necesidades de cada uno, lo que quieren y sus deseos. Después que haya vuelto a casa, escriba una nota para recordar hacer algo beneficioso por una media docena de esas personas.

4. Entre en acción. Si la actitud de servidor está visiblemente ausente de su vida, la mejor manera de cambiarla es comenzar a servir hoy. Empiece a servir, que su corazón finalmente lo captará.

5. Comprométase a servir a otros en su iglesia, *la Iglesia es una agencia comunitaria.* Si su actitud todavía no es 'buena al final de un período, hágalo de nuevo. Y siga haciéndolo hasta que cambie su corazón.

## CONCLUSIÓN

Alguien dijo: no sé cuál será su destino, pero una cosa sí sé: los que entre ustedes hayan buscado y encontrado como servir, serán verdaderamente felices». **Si quiere dirigir en el nivel más alto, tiene que estar dispuesto a servir en el nivel más bajo».** *Lucas 22:25-26* *Y Jesús les dijo: Los reyes de los gentiles se enseñorean de ellos; y los que tienen autoridad sobre ellos son llamados bienhechores. 26Pero no es así con vosotros; antes, el mayor entre vosotros hágase como el menor, y el que dirige como el que sirve.*

## ACTÍVATE

## CAP. 27

# TRES CONSEJOS PARA VENCER LA TENTACIÓN

**Introducción:** La tentación es la atracción por lo que nos gusta, pero que no es permitido delante de Dios porque atienta contra su santidad. En la biblia encontramos diferentes casos que nos enseñan sobre este tema, pero hoy tomaremos solo algunas citas bíblicas y de cada una de ella extraemos el consejo. El primero es:

**ACTÍVATE**

## I. DIOS NOS DIO EL DOMINIO PROPIO

A. **Dios no nos deja al antojo del enemigo, Él nos ha dado dominio propio.**

   1. *(2 Timoteo 1:7) "Porque no nos ha dado Dios espíritu de cobardía, sino de poder, de amor y de dominio propio".* **Ningún capitán enviaría a la guerra sus soldados desarmados.**

   2. *(Lucas 10:19) "He aquí os doy potestad de hollar serpientes y escorpiones, y sobre toda fuerza del enemigo, y nada os dañará".* El enemigo no nos puede obligar a pecar, somos nosotros los responsables de nuestros hechos.

   3. *(1Corintios 6:12) "Todas las cosas me son lícitas, mas no todas convienen; todas las cosas me son lícitas, más yo no me dejaré dominar de ninguna".*

B. **El dominio propio nace del Espíritu Santo, no de nuestro intelecto o nuestras fuerzas.** ¿Por qué muchas personas que tienen una gran capacidad intelectual, aún siguen atados a vicios como alcohol, drogas, mentira, fornicación o adulterio, entre otros?

   1. Ellos saben las consecuencias dañinas pero la verdad es que no pueden sostenerse por si solos porque este es un trabajo del Espíritu de Dios, no de sus fuerzas.

   2. Todo creyente debe tener dominio propio al hablar, al actuar, al pensar. *(2 Timoteo 1:7)* El viejo hombre no puede dominarnos porque Jesús nos ha dado **nueva naturaleza**, esta nueva naturaleza nos ayuda a vencer.

## II. HUIR DE LA TENTACIÓN.

A. *(2 Timoteo 2:22) "Huye, pues, de las pasiones juveniles Y SIGUE la justicia, la fe, el amor y la paz, con los que invocan al Señor con un corazón puro"* Pablo aconseja huir de la tentación, no hay que jugar con el pecado, hay que huir del pecado.

B. Muchos se sienten culpables por ser tentados. El ser tentado no es un pecado. El pecado es ceder a la tentación, cómo respondes a ella es lo que realmente importa. Jesús experimentó toda clase de tentación, pero no pecó.

   1. ¿Qué deberías hacer si te encuentras en una circunstancia de estas? ¡Sal rápido de ahí! No riñas, no persistas. ¡Aléjate, corre, huye! *(Genesis 39:11-12)*.

C. Dos cosas de las que debes alejarte: De los ambientes de tentación y de las asociaciones tentadoras. Si tienes un problema con el alcohol, no vas al bar a comerte un sándwich. Mantente alejado del bar. Si eres tentado en los puestos de revistas o por un determinado canal, no vayas a los puestos de revistas, no tengas ese canal disponible en tu TV. Cualquier cosa que te ofrezca tentación, huye y evítala a toda costa.

D. Aléjate de las asociaciones tentadoras. Aquí he visto la caída de muchos cristianos porque es el arma de satanás. Tienes que saber qué te tienta, dónde te tienta, quién te tienta, y entonces aléjate rápidamente de esas situaciones o personas.

   1. Hay algunas personas, algunos amigos que quizás no deberían de ser tus amigos, que quizá debes borrar de tu página porque es más fácil que ellos te arrastren, a que tú los ganes.

E. "El rey Salomón, buscó como esposas a compañeras

del mundo. *(1 Reyes 11:3). "y sus mujeres desviaron su corazón"* Si ves que una amistad te está alejando de Cristo, no son tus amigos, son tus enemigos. Si después de platicar con alguno de tus amigos te sientes desanimado, aléjate, pues corres peligro.

F. El peligro de escuchar a personas negativas. Hay personas que hablan mal del cristianismo, mal de la iglesia, mal de tus pastores, se ríen de todo lo que les hablas de Dios, aléjate de inmediato de estas personas pues corres gran peligro.

1. Los 10 espías desanimaron a toda una congragación (*Números 13:27-33, Números 14*).

2. La rebelión de Coré trajo 250 muertos. (*Números 16*).

3. La murmuración de los hijos de Israel mató 14,700 *(Números 16:41).*

## III. NUNCA DEBES AISLARTE DE LA IGLESIA

A. El dejar la asistencia a la iglesia era ya un problema en el Nuevo Testamento. *(Hebreos 10:25) "no dejando de congregarnos, como algunos tienen por costumbre, sino exhortándonos; y tanto más, cuanto veis que aquel día se acerca". (Salmos 122.1) "Yo me alegré con los que me decían: A la casa de Jehová iremos".*

1. Si una oveja se aleja del rebaño, la protección se reduce y aumenta la posibilidad que aparezcan los lobos. Así funciona la vida cristiana, si te aíslas correrás un gran peligro y le das oportunidad al enemigo. Él mismo enviará los lobos a tu hogar.

B. El texto aplica a muchos cristianos que siempre

tienen una excusa, buscan por cualquier asunto superficial para faltar al culto.

1. Cristianos que no van a la iglesia por quedarse viendo televisión. *(Santiago 4:4)*
2. Cristianos que andan de iglesia en iglesia buscado la comodidad, en lugar de obedecer y sujetarse al cuidado pastoral. *(1 Pedro 5:1-5).*
3. Los que se congregan mal. Cristianos que asisten regularmente al templo, pero no ponen atención, no se quieren arrepentir, ni obedecen a Dios.

C. La soledad trae consecuencias para nuestra salud. Todos necesitan ser sociales para sobrevivir y prosperar. A medida que las personas envejecen se van quedando más solas y esto puede dañar su salud. En un estudio se descubrió que la soledad y el aislamiento están asociados con mayores riesgos de problemas de salud tales como:

1. Enfermedades cardíacas.
2. Depresión.
3. Envejecimiento prematuro.
4. Presión arterial alta.
5. Enfermedades del corazón.
6. Ansiedad.
7. Demencia.
8. enfermedad de alzhéimer.
9. Tristeza.
10. Suicidio.

D. Esta investigación descubrió que las personas que viven solas, tienen un riesgo de muerte casi 4 veces mayor que las que viven en comunidad, y también un aumento del 57 % de riesgo de ser hospitalizadas.

## CONCLUSIÓN

*(Salmos 133:1) !!Mirad cuán bueno y delicioso es Habitar los hermanos juntos en armonía! Porque allí envía Jehová bendición, Y vida eterna.* Si ponemos por obra estos 3 consejos bíblicos, viviremos más saludables, más confiados y con menos riesgo de abandonar nuestra fe en Dios. ¿Qué debemos hacer? Acercarnos más a Dios para que nos de ese poder y el dominio propio, porque por cuenta propia nunca lo vamos a lograr.

# CAP. 28
# UN CONSEJO PASTORAL

**Introducción:** Cuidar nuestro pastoreo incluye el comprender las diferentes presiones del ministerio. Estos son consejos que nos darán sabiduría como pastores. El ministro de Dios debe ser una persona que ame las almas perdidas, que sienta una gran compasión por las almas que no conocen a Cristo; debe anhelar en su corazón que las demás personas también conozcan a Cristo. Al igual que su vida familiar debe ser un ejemplo para la sociedad. Vamos a mencionar algunos consejos simples, pero prácticos, que le serán de mucha utilidad a los pastores o líderes que están pastoreando una iglesia o un grupo pequeño.

## ACTÍVATE

1. **Ora**. (*1 Samuel 12:23*) Quizá ya ha olvidado lo mucho que necesita orar. La autosuficiencia en sí mismo será tu tentación más persistente. La confianza en el Señor se cultiva a través de la oración. Ora por ti mismo, ora por tu mensaje, ora por la iglesia, ora, y luego, ora un poco más.

2. **Aprende a escuchar.** (*Santiago 1:19*) Como pastor, no caigas en esta trampa de no escuchar otros pastores, especialmente a aquellos que han servido durante mucho tiempo. Escucha a la congregación que diriges y haz preguntas. Nosotros aprendemos más escuchando, por tanto, escucha el doble de lo que hablas. (*Proverbios 11:14*)

3. **Nunca te compares con otros pastores.** (*Romanos 12:3*) Hay mucho peligro en compararse con otros ministerios porque se verá o arrogante o inservible. El Espíritu Santo nos ha dotado a cada uno de forma única. No te veas enredado en comparaciones carnales o competencias con otros pastores. Regocíjate en los dones que les ha dado a ellos y ten contentamiento con los que Él te ha dado a ti.

4. **Construye amistades con otros pastores.**
   *(Proverbios 17:17. Proverbios 27:17 NBV) "El hierro se afila con el hierro y el hombre al relacionarse con el hombre".* Tú y los otros pastores están luchando juntos contra las puertas del infierno. Ustedes se necesitan el uno al otro. Y aunque no serás el mejor amigo de cada pastor, debes buscar pasar tiempo personal con ellos.

   Si es posible sal para desayunar con ellos. Haz todo lo posible por llevarte bien con otros pastores. Sé el amigo que deseas que otros sean para ti *(Mateo 7:12)*. Las relaciones con tus hermanos te sostendrán en tus batallas.

5. **Habla bien de otros líderes, pastores y miembros de la iglesia.** (*Santiago 4:11, 5:9*) *"Hermanos, no murmuréis los unos de los otros. Hermanos, no os quejéis unos contra otros, para que no seáis condenados; he aquí, el juez está delante de la puerta".* Deberíamos refrenar nuestra lengua. Siempre encontrarás razones para quejas contra otras personas.

   Busca lo bueno de otras personas y asegúrate que tus conversaciones sean positivas. Seremos tentados a la crítica; el hablar bien de los demás será glorificar a Dios, esto permitirá que la gente confíe en ti como un pacificador.

6. **Rinde cuentas a otro pastor.** Debemos de tener en mente que el pecado prospera de forma aislada. Tener un anciano al cual rendir cuentas es esencial en el ministerio. La rendición de cuentas es de suma importancia para poder lograr los planes correctos de Dios. Rendir cuentas a Dios y a nuestros supervisores son una señal de humildad ante Dios. (*Hebreos 13:17*) *"Obedeced a vuestros pastores, y sujetaos a ellos; porque ellos velan por vuestras almas, como quienes han de dar cuenta; para que lo hagan con alegría, y no quejándose, porque esto no os es provechoso.*

7. **Haz de tu familia tu ministerio principal.** (*Cantares 1:6*) *"Me pusieron a guardar las viñas; Y mi viña, que era mía, no guardé".* Supervisa tu propia vida en todos los ámbitos de la pureza y dignidad. Tu familia es tu primer rebaño. Asegúrate de cultivar tiempo con tu esposa y tus hijos. Protege tus citas con tu esposa.

   Protégela de información que la llevará a frustración hacia otros miembros de la iglesia o pastores. Ama

# ACTÍVATE

a tus hijos y no los disciplines recordándoles que se porten bien poque somos los pastores. Esto los tentará a odiar a la iglesia.

8. **Ama la iglesia.** (*Juan 21:15-17*) Somos siervos de Cristo y la iglesia debe ver a Cristo en nosotros. Ámalos siendo gentil y tierno. Ámalos ahuyentando los lobos que buscan hacerles daño. Ese tipo de amor en algunos momentos será difícil. Esta es la razón por la que Jesús dijo llevad mi yugo sobre vosotros. (*Salmos 109:4-5*) *"Mi amor me lo pagan con calumnias, mientras yo permanezco en oración.* **5** *Mi bondad la pagan con maldad; me dan odio a cambio de mi amor.* Si vas a perseverar como un pastor, debes aprender a no ser ofendido fácilmente. Desarrolla una piel gruesa.

    a. La gente te dirá cosas duras.
    b. La gente va a malinterpretar lo que digas.
    c. La gente se molestará por el tono, a pesar de que les hables suavemente.

Debes pedirle a Dios que te ayude a recordar que, el amor todo lo soporta. Pídele a Dios que te ayude a no ser demasiado sensible a la crítica, sino a desarrollar una piel gruesa y que te dé un corazón tierno hacia la iglesia.

9. **Echa tus cargas en el Señor.** (*1 Pedro 5: 6-7*) En 2 Corintios 11, Pablo habla de su "ansiedad diaria por todas las iglesias". Los problemas de tu iglesia te darán suficientes razones para estrazarte. En ocasiones Escucharás historias desgarradoras. Las tragedias te sorprenderán, los matrimonios rompiéndose y la preocupación por ovejas descarriadas te tratarán de quitar el sueño.

La gente te va a calumniar, la gente va a malinterpretarte; Pero la buena noticia es que Jesús tiene cuidado de nosotros y nos llama a echar nuestras cargas sobre él. Como líder o pastor de una iglesia no lleves tu ansiedad por ti mismo. Llévalas al Señor.

**10. Permite que tu incapacidad se convierta en tu fuerza.**
(*2 Corintios 12:9*) A menudo tendrás dificultades en saber qué hacer. Tu capacidad para sostener las vidas rotas de aquellos que pastorearás será inferior en algún momento. Tu incapacidad es una oportunidad para que Jesús sea magnificado. Pídele por la sabiduría, la fuerza y la gracia que necesitarás para servir como hombre débil.

**11. Lee tu Biblia.** Necesitas la Palabra de Dios para alimentar tu propia alma, necesitas la Palabra de Dios para alimentar las ovejas. Si descuidas su Palabra, te apoyarás en tu propia prudencia y sin duda harás daño espiritual a ti mismo y a otros. Tu pastoreo fluye de tu unión permanente con Cristo, que brota de permanecer en su Palabra (*Juan 15:7-8*).

# CONCLUSIÓN

Escrituras para meditar con regularidad: (*Ezequiel 34: 1-31, Juan 10: 1-42, Hechos 20: 17-38, Filipenses 2: 1-11, 1 Timoteo 3: 1-7, Tito 1: 5-9, 1 Pedro 5: 1-8. Apocalipsis 2-3*).

Haríamos bien en leer 1 Timoteo, 2 Timoteo y Tito en su totalidad cada mes.

## ACTÍVATE

# LA HABILIDAD DE TRATAR CON LA GENTE

*Juan 13:12-15*

**Introducción:** Jesús ministraba las necesidades de las personas donde quiera que Él las encontrara. Jesús tocaba a la gente física, espiritual y emocionalmente.

La base del liderazgo son las relaciones. Si usted no se puede relacionar con la gente, ellos no le van a seguir. Los líderes efectivos no se enfocan en ellos mismos.

Podemos ser personas bien capacitados en el estudio, pero fracasar en la relación con las personas.

## ACTÍVATE

## I. TRES VERDADES ACERCA DEL LIDERAZGO Y LA GENTE

1. Las personas son el más preciado tesoro de la iglesia. *(Mateo 16:26)*
2. El bien más importante de un líder es su habilidad de tratar con las personas. Usted puede hablar con las personas, pero sin habilidad para tratar con ellas.
3. Las relaciones y el ministerio no están limitados a una iglesia. Jesús enseñó que las relaciones con otros son más importantes que muchas actividades espirituales que practicamos.

## II. PARÁBOLA DEL BUEN SAMARITANO

A. *(Lucas 10:30-37)* Maneras en las que este hombre fue tratado.

1. LOS LADRONES lo miraron como una víctima para explotar.
2. EL SACERDOTE lo miró como un problema para evitar.
3. EL SAMARITANO lo miró como una oportunidad para ayudar. Como líder, usted será tentado para hacer las tres cosas en su ministerio: explotar, evitar o amar.

B. Cuando le preguntaron a Jesús acerca del más grande mandamiento, Él dijo: *"Ama al Señor con todo tu corazón, mente, alma y a tu prójimo como a ti mismo". (Mateo 22:37)* Nuestra fe está construida en relaciones. Lo que nos separa de todas las religiones del mundo son las relaciones.

C. Jesús dijo que la manera en la que el mundo sabrá que somos sus discípulos es por como amamos a la gente. "A la gente no le importa mucho cuanto sabe usted, hasta que saben cuánto se interesa en ellos." John C. Maxwell.

## III. LO QUE UN LÍDER DEBE SABER ACERCA DE LAS PERSONAS....

A. La mayoría de las personas son inseguras. DELES CONFIANZA. *"Y considerémonos unos a otros para estimularnos al amor y a las buenas obras." (Hebreos 10:24).*

B. A las personas les gusta sentirse especiales. HÓNRELAS. Nunca cometa el error de separar el liderazgo de la relación. *"Ámense como hermanos los unos a los otros, dándose preferencia y respetándose mutuamente." (Romanos 12:10).*

C. Las personas buscan un mejor mañana. DELES ESPERANZA. Hace varios años se hizo un estudio para ver qué tenían en común los pastores eficaces. Ellos tenían una característica en común: Cada uno dijo que su meta principal para cada domingo era darle esperanza al pueblo. *"Esto recapacitaré en mi corazón, por lo tanto, en El esperaré. Por la misericordia de Dios no hemos sido consumidos, porque nunca decayeron sus misericordias. Nuevas son cada mañana; grande es tu fidelidad." (Lamentaciones 3:21-23).*

D. La gente necesita ser entendida. ESCÚCHELOS. Esta es la llave para llegar al corazón de alguien. *"Gozaos con los que se gozan; llorad con los que lloran." (Romanos 12:15).*

E. La gente necesita dirección. "NAVEGUE CON ELLOS" Un líder debe saber el camino. Los líderes deben mostrar el camino. *(1 Pedro 5:1-2).*

## ACTÍVATE

F. La gente está necesitada. MINISTRELES EN SUS NECESIDADES. La mayoría de la gente piensa que su situación es única, que sus problemas son los más grandes. *"No mirando cada uno por lo suyo propio, sino cada cual también por lo de otros"*. (Filipenses 2:4).

G. La gente se deprime. DELES ÁNIMO. (*Gálatas 6:2*) *"Sobrellevad los unos las cargas de los otros, y cumplid así la ley de Cristo"*.

H. La gente quiere triunfar. AYÚDELES A GANAR. Extiéndase y ayude a otros a alcanzar sus metas. Ellos necesitan un líder que les mantenga la moral alta, alguien que levante su autoestima. *"Mejores son dos que uno; porque tienen mejor paga de su trabajo. Porque si cayeren, el uno levantará a su compañero."* (Eclesiastés 4:9- 10).

I. La gente desea relaciones. PROVÉALES AMISTAD. Toda la Palabra de Dios nos habla de comunión, de compañerismo. Nunca fue una intención que hiciéramos la travesía cristiana solos. El Nuevo Testamento nos enseña que "somos miembros los unos de los otros". *"De manera que, si un miembro padece, todos los miembros se duelen con él, y si un miembro recibe honra, todos los miembros con él se gozan."* (I Corintios 12:26).

J. La gente busca un modelo para seguir. SEA UN EJEMPLO. Viva una vida ejemplar, La gente hace lo que ve.: *"Sed imitadores de mí, así como yo de Cristo."* (I Corintios 11:1) *Lo que aprendisteis y recibisteis y oísteis y visteis en mí, esto haced; y el Dios de paz estará con vosotros.* (Filipenses 4:9).

# CONCLUSIÓN

¿Cuál es su lucha en las relaciones? ¿Cómo puede usted empezar a hacer conexión con la gente? Ahora haga una lista de personas a las que usted cree que Dios le está desafiando para proteger y guiar más efectivamente. Hagamos de estos principios nuestro estilo de vida; practiquémoslo hoy. ¡Pidamos a Dios que nos dé "el don de tratar con las gentes"! HAGAMOS UN PLAN DE ACCIÓN.

**ACTÍVATE**

# EL LÍDER Y SU CONDUCTA PERSONAL

*1Timoteo 4:12,15-16.*

**Introducción:** La ética es el estudio de la moral o el carácter de nuestra persona. Se trata de respeto, responsabilidad y honestidad. El ministerio es una posición donde se pueden alcanzar grandes alturas, pero también es una posición que no está exenta de tragedias. Para extender más este tema, tome también como base *(Éxodo18:19-20) "Oye ahora mi voz; yo te aconsejaré, y Dios estará contigo. Está tú por el pueblo delante de Dios, y somete tú los asuntos a Dios. 20 Y enseña a ellos las ordenanzas y las leyes, y muéstrales el camino por donde deben andar, y lo que han de hacer.*

## ACTÍVATE

### I. EL MINISTRO DEBE SER UN EJEMPLO

A. *1Timoteo 4:12,15-16.* "*Ninguno tenga en poco tu juventud, sino sé ejemplo de los creyentes en palabra, conducta, amor, espíritu, fe y pureza... pues haciendo esto, te salvarás a ti mismo y a los que te oyeren.*

B. Es por esto por lo que se necesita vivir una vida sobria.

   1. "Muéstrate en todo como ejemplo de buenas obras... " (*Tito 2:7*).

   2. "Se ejemplo de la grey..." (*1 Pedro 5:3*).

   3. "Sed imitadores de mí, así como yo de Cristo". (*1Corintios 11:1*). Un mal ejemplo puede cerrar el corazón de la gente y llevar al infierno a muchas personas.

### II. MANTENGA UNA BUENA ACTITUD ANTE LOS PROBLEMAS

A. El líder no debe de desesperase, ni ser pesimista, no debe darse por vencido. Quizá Pablo tuvo muchas razones para desanimarse, pero, a pesar de las frustraciones y tristes condiciones, no estaba desesperado, ni pensando en darse por vencido. ¿Cuál era la actitud de Pablo en medio de los problemas y las circunstancias más desalentadoras? *"Porque no nos ha dado Dios espíritu de cobardía, sino de poder, ¿de amor y de dominio propio"* (2 Timoteo 1:7).

B. Cuatro claves que Pablo usó para evitar la desesperación.

1. Primero, estaba seguro de su llamado. Sabía ciertísimamente que no había sido nombrado por los hombres, sino que Dios le había llamado con una vocación santa y divina, y le había comisionado a servirle

2. Su mente se fijaba en los éxitos, no en los fracasos de las iglesias. Se sentía muy animado por sus colaboradores sobresalientes. Aquí en el ministerio, cada uno conoce los fieles que son cartas vivas del poder de Cristo. Tengamos ánimo admirándolos a ellos y a sus vidas.

3. Pablo tenía confianza que los propósitos de Dios serían terminados. *"El que comenzó en vosotros la buena obra, la perfeccionará hasta el día de Jesucristo"* **(Filipenses 1:6)** Cristo su Señor había declarado: "*Edificaré mi iglesia, y las puertas del infierno no prevalecerán contra ella*" (Mateo 16:18).

4. Tuvo fe que, a pesar de sus sufrimientos, recibiría la corona de gloria. *(2 Timoteo 4: 6-8) "Porque yo ya estoy para ser sacrificado, y el tiempo de mi partida está cercano. He peleado la buena batalla, he acabado la carrera, he guardado la fe. Por lo demás, me está guardada la corona de justicia, la cual me dará el Señor, juez justo, en aquel día; y no sólo a mí, sino también a todos los que aman su venida.*

## III. DEBERES DE UN LÍDER

A. Debe ser un hombre de integridad y de honestidad. En todos los asuntos de finanzas, debe ser honesto hasta el último centavo. ¿Cómo puede ser él

# ACTÍVATE

un mayordomo de Dios si es infiel en las cosas materiales de la vida? La palabra del líder debe ser tan buena como una garantía.

B. El líder siempre debe tener en su mente que todos los ojos están fijos en él. Su ejemplo tendrá una influencia profunda sobre la vida de otros. Las personas más perseguidas para encontrarles faltas y criticarlas son los líderes de la Iglesia.

C. Debe librarse del pecado de estar encontrando faltas en otros. "Y Pilato dijo... Ningún delito hallo en este hombre" Este pecado existe en muchos miembros y líderes religiosos de diferentes edades.

1. Lo que revela la crítica.
   a) *Es señal de pereza espiritual.* La mente de un líder se desplaza a un nivel elevado de actividad, donde no hay tiempo para criticar a otros.
   b) *Revela la falta de desarrollo espiritual.* Los adultos que son críticos todavía no han alcanzado un desarrollo en la vida cristiana, mucho menos en la carrera ministerial.
   c) *El celo.* Algunos se enferman cuando miran a otros líderes que progresan y son honrados. Se olvidan de lo que Cristo enseñó: *"Gozaos con los que se gozan" (Romanos 12:15).* Qué hermoso es gozarse con la prosperidad espiritual de otros y, al mismo tiempo, ser feliz con lo que tenemos.

D. El líder debe guardar la humildad. Cualquier hombre en un puesto puede llegar a tener un espíritu exaltado. Todos los hombres de Dios se distinguen por la humildad, siendo Cristo el ejemplo supremo.

E. El líder debe tratar con la gente sin causar ofensa. Una palabra apresurada puede causar destrucción en la influencia del líder o ministro. "El que gana almas es sabio" (*Proverbios 11:30*).

## IV. ÁREAS QUE MEJORAR COMO LÍDERES

1. Tener mayor dedicación a la oración y al ayuno.
2. Mejorar nuestro papel como esposo y padre de familia.
3. Mejorar en sus obligaciones económicas individuales.
4. Tener determinación y paciencia.
5. Preocuparse por el estado espiritual de su grupo.
6. Tener mejores relaciones con nuestros superiores.
7. Tener mayor comprensión del trabajo que desempeñamos.
8. Tener buenas relaciones con todo el mundo que nos rodean.
9. Paciencia, paciencia, y más paciencia.

## CONCLUSIÓN

Esto es lo que la Palabra de Dios exige guardar un buen testimonio y tener cuidado de sí mismo. Y tener una buena actitud ante los problemas, estos son los requisitos de aquel que aspira tener un buen ministerio. Mi deseo es que el Señor nos dé más gracia y prosperidad en esta grande y seria responsabilidad.

**ACTÍVATE**

# CAP. 31

# LA FE QUE PRODUCE MILAGROS

*Hebreos 11:6-7*

**Introducción:** Cuando nos esforzamos por alcanzar una meta estamos ejerciendo la fe, porque ponemos nuestra esperanza en algo que aún no podemos ver. Tener fe en Jesucristo significa confiar totalmente en Él: confiar en Su poder, y Su amor infinito. Significa creer que, aunque no entendamos todas las cosas, Él sabe cómo ayudarnos a superar las dificultades del día a día. *(Juan 16:33).*

Cuando de fe hablamos, tenemos diferentes maneras de actuar al respecto.

## ACTÍVATE

### I. LAS DIFERENTES MANERAS DE ACTUAR

A. Están los espectadores. Aquellas personas que les gusta ser testigos de los milagros que Dios hace en los demás, pero ellos no se arriesgan.

B. Están los que Dios tiene que acercarse para que reciban el milagro. Jesús se acercó al endemoniado gadareno. *(Marcos 5:1-2).*

C. Están los que tienen mucha fe, fe que mueve el corazón de Dios, ellos van en contra de todo argumento y protocolo.

D. Muchos otros solo leen como Dios hizo milagros en aquellos personajes bíblicos, pero no creen que lo pueda hacer en ellos. Nos emocionan las historias de la Biblia y las creemos, pero no creemos lo suficiente como para arriesgarnos y ver acontecer milagros en nuestras vidas.

E. ¿Qué es la fe? Es esperar con seguridad, es estar seguro de lo que aún no vemos. *(Hebreos 11:1)* Primero oramos, después esperamos, para luego recibir. No podemos primero recibir y luego creer, eso no es fe. La fe es estar *Convencido de lo que NO se ve.* Todos podemos creer en algo que estamos viendo, lo bueno es creer en algo que no hemos visto o recibido. Eso si es fe.

### II. EJEMPLO DE UNA FE GENUINA.

A. Existen muchas fuentes de Fe. Hay gente que tiene fe en sí mismo. Otros tienen fe en los demás. Es por eso que cuando esa persona les falla, tienden a desanimarse y a desconfiar en todo mundo. Por eso el versículo clave nos dice que la fe debe de ser en

Dios. *"Sin fe es imposible agradar a Dios, porque es necesario que el que se acerca a Dios crea que él existe, y que sabe recompensar a quienes lo buscan".* (Hebreos 11:6).

B. Veamos en la biblia una mujer que tuvo este tipo de Fe. La Mujer con el flujo de sangre *(Lucas 8:43-48) "Una mujer, que hacía doce años padecía de hemorragias y había gastado en médicos todo lo que tenía, sin que ninguno hubiera podido curarla, se le acercó por detrás y le tocó el borde del manto. Al instante, su hemorragia se detuvo. Entonces Jesús dijo: «¿Quién me ha tocado?» Todos negaban haberlo tocado, así que Pedro y los que estaban con él le dijeron: «Maestro, son muchos los que te aprietan y te oprimen.» Pero Jesús dijo: «Alguien me ha tocado. Yo sé bien que de mí ha salido poder.» Cuando la mujer se vio descubierta, se acercó temblorosa y se arrojó a los pies de Jesús, y delante de todo el pueblo le contó por qué lo había tocado, y cómo al instante había sido sanada. Entonces Jesús le dijo: «Hija, tu fe te ha sanado. Ve en paz.»*

C. ¿Tú crees que tus problemas son grandes? Vamos a ver los problemas que esta mujer enfrentaba.

1. La mujer tenía 12 años con la misma enfermedad. ¿Te imaginas la angustia, el trabajo y la vergüenza que esta mujer estaba pasando? Muchos con una gripa no se levantan de la cama en casi todo el día porque dicen amanecí con gripa.

    Muchos, después de un año enfermos se resignan, pero esta mujer no. No te conformes o te resignes. Ella estaba dispuesta a mover el corazón de Dios y provocar que poder saliera de Él.

### ACTÍVATE

2. Había gastado en médicos todo lo que tenía. No solamente se había gastado todo su dinero, sino que había vendido todo lo que tenía. Quizá casa, autos, joyas, todo lo que tenía. Los médicos no la pudieron ayudar. No solo le quitaron el dinero que poseía, sino que NO la pudieron sanar. Una cosa es que te hayas gastado todo lo que tenías, pero si quiera te pudieron ayudar. Pero otra cosa muy diferente es que te hayan cobrado hasta lo que no tenías y te hayan dejado peor de lo que estabas antes.

3. ¡Hay otro obstáculo! No le era fácil llegar a Jesús por la multitud. En el momento de ir por su milagro, la mujer se encontraba con otro reto más, la multitud. Jesús traía mucha gente siguiéndole, era muy difícil acercarse a él. Enferma, sin fuerzas, inmunda y una multitud que le impedía. ¡Solo un milagro la podía sanar!

¿Hasta dónde está dispuesto a ir o arriesgarse para recibir su milagro? Algunos no nos atrevemos a arriesgarnos para recibir un milagro y preferimos seguir en la misma condición. No nos arriesgamos ni aun a pasar al altar.

### III. UNA MUJER ARRIESGADA

A. Con todo esto la mujer se arriesga. Si tú y yo no nos arriesgamos, no veremos los milagros de Dios. La mujer se dijo dentro de sí: Si tan solo tocare el borde de su manto, ¡seré sana! No solamente pensó, sino que se arriesgó poniendo su plan en marcha, sin importar los obstáculos: Estaba inmunda, estaba débil y tenía una multitud que le impedía llegar a Jesús.

B. Jesús se agradó de la fe de esta mujer. *(Lucas*

*8:45-48) "Entonces Jesús dijo: «¿Quién me ha tocado?» Todos negaban haberlo tocado, así que Pedro y los que estaban con él le dijeron: «Maestro, son muchos los que te aprietan y te oprimen.» Pero Jesús dijo: «Alguien me ha tocado. Yo sé bien que de mí ha salido poder.» Cuando la mujer se vio descubierta, se acercó temblorosa y se arrojó a los pies de Jesús, y delante de todo el pueblo le contó por qué lo había tocado, y cómo al instante había sido sanada. Entonces Jesús le dijo: «Hija, tu fe te ha sanado. Ve en paz.»*

C. Esta mujer se acercó con Fe, y provocó que poder saliera del Señor y recibió su milagro. Una fe como la de esta mujer llamó la atención de Jesús y trajo sanidad. Entonces Jesús le dijo: *«Hija, tu fe te ha sanado. Ve en paz.»*

D. Dos ciegos reciben la vista *(Mateo 9:27-29) "Pasando Jesús de allí, le siguieron dos ciegos, dando voces y diciendo: ¡Ten misericordia de nosotros, Hijo de David! Y llegado a la casa, vinieron a él los ciegos; y Jesús les dijo: ¿Creéis que puedo hacer esto? Ellos dijeron: Sí, Señor. Entonces les tocó los ojos, diciendo: Conforme a vuestra fe os sea hecho.*

## CONCLUSIÓN

¿Alguien aquí presente necesita un milagro? No sé cuáles sean sus obstáculos, pero sí sé arriesga y se acerca con Fe recibirá su milagro. No espere 12 años para recibirlo, acércate hoy a Jesús con Fe para recibir el milagro. Si Él lo hizo con ella, lo puede hacer con cualquiera de nosotros el día de hoy.

## ACTÍVATE

# POR QUÉ ORGANIZAR GRUPOS PEQUEÑOS EN LA IGLESIA

*Hechos 5:42 y Mateo 18:20, Salmos 133:1*

**Introducción:** Un Grupo Pequeño es un ambiente favorable para el apoyo espiritual del creyente. En un grupo pequeño las personas se sienten más cómodas para abrir su corazón, y pedir oración e intercesión por sus problemas y desafíos; también para expresar su gratitud, testificar y desarrollar sus dones espirituales. "Formar grupos para el servicio". es un principio bíblico:

## I. VENTAJAS DE ORGANIZAR LA IGLESIA EN GRUPOS PEQUEÑOS

A. Todos sabemos que hay una brecha entre lo que somos y lo que queremos llegar a ser. Por ejemplo: Tal vez quieres desarrollar una nueva habilidad, mejorar una relación o ponerte en forma. Todos queremos crecer hacia una mejor versión de nosotros mismos.

B. ¿Te preguntas qué es tan importante acerca de los grupos pequeños? Aquí te damos las razones por las cuales debes considerar unirte a uno.

1. En el Antiguo Testamento. Moisés organizo el pueblo en grupos. *(Éxodo. 18:17-25)*.

2. En el Nuevo Testamento Jesús formo un grupo pequeño con los discípulos. *(Marcos. 3:13-15)*.

3. La iglesia primitiva fue organizada en grupos pequeños. *(Hechos 2:42-47; 5: 42)*.

C. "Si hay en la iglesia un buen número de miembros, conviene que se organicen en Grupos Pequeños a fin de trabajar..." Si en un lugar hubiere apenas dos o tres que conozcan la verdad, organícense en grupos pequeños.

## II. EL DESEO DE DIOS ES ORGANIZAR GRUPOS PEQUEÑOS

A. En el deseo de Dios está en organizar grupos pequeños específicamente para ayudar a los cristianos a crecer y aprender.

Los grupos pequeños se reúnen para compartir historias de cómo Dios ha estado obrando en sus vidas. Este modelo proporciona inspiración y crecimiento para ayudar a los nuevos cristianos a crecer.

1. Uno de los principales lugares donde se produce el crecimiento es en los grupos pequeños, donde estudiantes se reúnen a aprender y practicar las enseñanzas de Jesús.

B. El primer grupo pequeño estaba compuesto por Jesús y doce hombres que invitó a que se unieran a él. Las primeras iglesias incluían pequeños grupos que se reunían en los hogares. Los cristianos han estado utilizando pequeños grupos por casi 2 mil años. Pero, lo más importante sobre los grupos pequeños es lo que ayuda a sus miembros a crecer.

## III. VIVIR PARA JESÚS NO SE APRENDE A SOLAS

A. Las enseñanzas de Jesús se dividen en dos categorías: Cómo desarrollarte espiritualmente y cómo saber tratar a otras personas. Ninguno de estos puede ser aprendido a solas. Se necesitan compañeros que puedan orar por nosotros, que puedan darnos consejos y aliento. Los pequeños grupos son lugares a prueba de fuego para encontrar ese apoyo.

B. El apoyo fomenta el cambio. Cada uno de nosotros podemos tener conductas hirientes, inmaduras e incluso peligrosas que necesitamos cambiar. El cambio se produce cuando practicamos las enseñanzas de Jesús en el grupo. Este es un trabajo casi imposible si intentamos hacerlo a solas.

C. Santiago, abordó este tema alentando a los que estaban aprendiendo su nueva vida con Jesús: *"Por eso, confiésense unos a otros sus pecados, y oren unos por otros, para que sean sanados. La oración del justo es poderosa y eficaz."* La confesión es el acto de modular lo que está mal.

D. Un grupo pequeño es un lugar seguro para confesar y recibir aliento. En un grupo llegamos a conocer los sufrimientos, sueños y luchas de otros miembros del grupo tienen. Con su ayuda, podemos avanzar de acuerdo a las enseñanzas de Jesús.

## IV. LAS RELACIONES CONDUCEN A COMPARTIR

A. Uno de los mayores obstáculos para el crecimiento del cristiano es la falta de compartir". Los grupos pequeños proporcionan un lugar para hacer relaciones significativas por medio del intercambio.

B. Una forma poderosa en la que los cristianos crecen a partir de que se incorporan a grupos pequeños es mediante el trabajo en equipo. Un grupo puede trabajar unido para ayudar a una persona sin hogar o proveer comida para un nuevo integrante. Ellos podrían aliarse para servir a visitar a un miembro del grupo con un problema grave de salud o familiar.

C. Cuando hay una relación mutua se desarrollan lazos de confianza de amistad, y desarrollo espiritual. Cuando los pequeños grupos se unen para llevar a cabo una misión, el crecimiento es inevitable.

D. Los grupos pequeños llevan a la iglesia más allá del domingo. Imagina que fueras al gimnasio solo durante una hora por semana tu masa muscular se daría muy lenta. Si la espiritualidad de una persona está limitada a una hora a la semana, va a ser difícil para ellos crecer. Un pequeño grupo produce más oportunidades para conocer a Dios, a practicar las enseñanzas de Jesús y a crecer espiritualmente.

E. Cómo unirse a un grupo pequeño. Puedes encontrarlo al visitar la iglesia local o hablando con amigos que participen en los grupos pequeños. Inclusive puedes empezar tu propio grupo mediante el uso de los materiales encontrados en esta iglesia. Todo lo que necesitas es unos dos o tres amigos que quieran crecer.

### V. LAS VENTAJAS DE ORGANIZAR LA IGLESIA EN GRUPOS PEQUEÑOS

1. Promueve el crecimiento personal en su relación con Dios.
2. Aumenta el conocimiento y estudio de la Biblia.
3. Desarrollan amistad y relaciones más profundas los unos con los otros.
4. Atienden y ayudan las necesidades de las personas.
5. Capacitan los miembros para el desarrollo del ministerio.
6. Identifican rápidamente los dones espirituales para ser desarrollados y utilizados.
7. Auxilian el cuidado pastoral de la iglesia.
8. Ayudan en grande manera a conservar los frutos.
9. Mayor movilización y aumento de miembros en la conquista de almas.

## CONCLUSIÓN

Un buen líder está siempre liderando, si espera hasta el día de la reunión para liderar, puede ser demasiado tarde. Concluya cada reunión anunciando lo que viene: ¿qué capítulos se deben de leer? ¿cuándo es la próxima reunión?, ¿dónde es la próxima reunión?, ¿quién estará llevando la palabra? ¿Quién se compromete a traer una visita? Antes de la próxima reunión envíe un recordatorio por correo electrónico.

## ACTÍVATE

(o llame, o envíe un mensaje de WhatsApp, un mensaje de Facebook). La gente olvida. La gente es perezosa. La gente anda ocupada. La gente necesita muchos recordatorios amistosos para permanecer en su tarea en especial los jóvenes.

… CAP. 33

# LOS GRUPOS PEQUEÑOS EN LA BIBLIA

*Hechos 2:46*

**Introducción:** Los grupos pequeños están compuestos por varias personas que se reúnen una vez a la semana con el propósito de estudiar la Biblia. Las reuniones son conducidas por un líder quien dirige el estudio bíblico. Los objetivos de los Grupos Pequeños son: vivir la experiencia de evangelizar, descubrir y desarrollar los dones espirituales de cada miembro, fortalecer a cada miembro de iglesia para disminuir el abandono de la fe a la apostasía.

## ACTÍVATE

## I. EL FUNDAMENTO BÍBLICO PARA LOS GRUPOS PEQUEÑOS

A. El uso de estos grupos comenzó con la iglesia primitiva descrita en el libro de Hechos. Los "grupos pequeños" se reunían en casas para adoración, compañerismo, crecimiento en la fe y para compartir con sus vecinos y amigos las buenas noticias de salvación que habían escuchado. Estos grupos también se juntaban con otros en reuniones más grandes para la adoración, la enseñanza y el evangelismo.

B. Al desarrollar una estrategia de grupos, se abren puertas de entrada y se cierran puertas de salida. Rick Warren ha dicho correctamente acerca de esto "creciendo cada vez más grande y creciendo cada vez más pequeño al mismo tiempo."

C. El ministerio de los grupos pequeños debe establecerse en un fundamento sólido. Un simple estudio bíblico de la iglesia primitiva nos revela el crecimiento rápido y la necesidad de una estructura para atender el crecimiento de la iglesia.

D. El crecimiento de la iglesia está registrado en los Hechos.

1. 120 creyentes *(Hechos 1:15)*.
2. 3.120 creyentes *(Hechos 2:41)*.
3. 5.000 hombres que creyeron *(Hechos 4:4)*.
4. El número se multiplicaba exponencialmente *(Hechos 6:7)*.
5. Un estimado conservador coloca el tamaño de la iglesia de Jerusalén en esos primeros años en 25.000. creyentes.

E. El doble enfoque de la iglesia primitiva.

1. Reuniones de grupos grandes "en el templo" *(Hechos 2:46)*. Estos eran grupos grandes en donde había evangelización, lo cual incluía señales, maravillas y la proclamación de las buenas nuevas de salvación.

2. La iglesia también se reunía de casa en casa en grupos pequeños. Esos grupos pequeños satisfacían las necesidades del compañerismo, discipulado y ministerio de la iglesia. (*"partían el pan en las casas (Hechos 2:46).*

3. La iglesia, mantuvo ese doble enfoque usando una variedad de lugares para las reuniones de grupos pequeños.

F. Los grupos pequeños en la iglesia existían para llevar a cabo las funciones básicas de la iglesia.

1. Satisfacer necesidades personales *(Hechos 2:44-45)*.

2. Adorar a Dios juntos *(Hechos 2:46-47)*.

3. Evangelizar a su comunidad *(Hechos 2:47; 5:42)*.

4. Ministrar y alentar a los débiles *(Hechos 16:40)*.

5. Discipular efectivamente a los creyentes *(Hechos 5:42; 20:20)*.

## II. CARACTERÍSTICAS DE GRUPOS SANOS

A. Son grupos reproductores. Los grupos pequeños son una de las cuatro cosas que toda iglesia debe considerar para reproducirse. Las otras tres que deben estar constantemente reproduciéndose son los discípulos, los líderes, y las iglesias.

## ACTÍVATE

Se ha dicho a menudo que las iglesias que dejan pasar un año sin ser creativas son iglesias que han decidido no crecer, y las iglesias que no han comenzado un nuevo grupo en un año son iglesias que han decidido morir.

B. Se preocupan por el desarrollo de líderes. Muchas veces los iniciadores de iglesias dicen, "no podemos comenzar nuevos grupos porque no tenemos líderes." Mas bien lo opuesto es verdad, la razón por la que no tiene líderes es porque no está comenzando nuevos grupos. Cada líder de grupo tiene como su tarea principal, identificar, alistar y entrenar a su reemplazante.

C. Están diseñados para descentralizar el cuidado pastoral. Una muy buena fórmula de descentralizar el cuidado pastoral desde el comienzo es colocar esa responsabilidad en los grupos pequeños. En una congregación de 100 o menos, el pastor es generalmente el cuidador de los miembros. Cuando una iglesia se vuelve grande, otros miembros deben compartir el cuidado pastoral.

D. Están diseñados para un crecimiento ilimitado. Los grupos pueden multiplicarse reuniéndose en una variedad de días al mismo tiempo. Las iglesias nuevas sin edificio propio pueden ser creativas acerca del tiempo y lugar dónde reunirse.

### III. RESULTADOS POTENCIALES DE LOS GRUPOS PEQUEÑOS

A. Tienen el potencial de producir cambios en las vidas. Nosotros a menudo estamos anticipando la trasformación de vidas en la iglesia. Después de la experiencia de conversión, muchas de las experiencias de transformación ocurren en pequeños grupos o en relaciones de mentores.

B. Tienen el potencial de cerrar la puerta de atrás. Un número de estudios indica que, si un nuevo convertido no empieza en una relación significativa en la iglesia en los primeros seis meses, la persona se alejará de aquella iglesia.

## CONCLUSIÓN

Más y más iglesias alrededor del mundo están descubriendo la importancia de los grupos pequeños evangelísticos. No siga perdiendo su tiempo buscando otros métodos, mejor atienda el consejo, ya que por medio del ministerio de grupos pequeños las iglesias crecen en número porque la gente está utilizando sus dones espirituales. El cuerpo de Cristo se moviliza en el ministerio, y el resultado final es que los perdidos están encontrando la verdad y el amor de Jesús.

Las reuniones grandes suelen ser abrumadoras y poco productivas para los nuevos convertidos. El trabajo en grupos pequeños aumenta la participación, fomenta una comunicación efectiva, mejora la innovación y ofrece una mejor concentración para la colaboración.

**ACTÍVATE**

… CAP. 34

# LA INFLUENCIA DEL PASTOR EN LA IGLESIA CELULAR

*1Corintios 12:28, Juan 21:15-17*

**Introducción:** El modelo bíblico de liderazgo pastoral se encuentra en el ejemplo de Jesús. En el evangelio de *(Juan 10:11)* Jesús se presenta como "El buen pastor" que da su vida por las ovejas. Este pasaje nos muestra la actitud de sacrificio y entrega que debe caracterizar a todo pastor. Además, en *(1Pedro 5:2-3)* se exhorta a los pastores a *"apacentar la grey de Dios que está entre vosotros, cuidando de ella, no por fuerza, sino voluntariamente; no por ganancia deshonesta, sino con ánimo pronto; no como teniendo señorío sobre los que* *están a vuestro cuidado, sino siendo ejemplos de la grey"*. Esto nos enseña que el pastor debe ser un líder amoroso, humilde, cuidadoso y dispuesto a servir al rebaño de Dios.

## I. JESÚS Y LOS GRUPOS EN EL NUEVO TESTAMENTO

A. Pensar que el ministerio de grupos puede funcionar en una iglesia solo por el líder de grupos es casi imposible. El pastor principal tiene la mayor influencia de todos en la iglesia. Cuando un pastor no se involucra en el ministerio sería como decir que un pastor no necesita adorar porque contrató a un líder de adoración para hacerlo. Desafortunadamente, a veces eso es exactamente lo que hacemos con nuestros grupos.

1. Si la iglesia quiere crear una cultura de grupos, es fundamental que el pastor principal sea el campeón y principal del grupo.

B. Jesús tomó a 12 y lanzó su ministerio, más rápido, y más expansivo en la historia de la humanidad. El fruto de su liderazgo fue una iglesia imparable y multiplicadora de grupos (*Hechos 2:42-47*).

C. Los grupos pequeños no eran solamente una tarea, más bien, era la parte central de su misión. Jesús les enseño y luego envió de dos en dos para desarrollar más grupos (*Lucas 9:1-2; Lucas 10:1*). Los pastores principales se parecen más a Jesús cuando se convierten en los campeones de grupos en su iglesia.

## II. EL PASTOR TIENE MAYOR INFLUENCIA QUE CUALQUIER OTRO MIEMBRO

A. Es evidente que el papel del pastor en la iglesia es de gran relevancia. Los pastores son llamados a ser guías espirituales, maestros, consoladores y líderes en la comunidad cristiana. Son responsables de enseñar la Palabra de Dios, proteger al rebaño de los falsos maestros y cuidar del bienestar espiritual de los creyentes. La autoridad del pastor es esencial para mantener la unidad y la santidad en la iglesia.

B. Descuidar la influencia del pastor sería un desperdicio, ya que el pastor principal obtiene la mayor atención de todos en la iglesia. Una de las maneras en que el pastor principal puede enfocar su influencia es, reuniendo a los influenciadores centrales en la iglesia para la causa de hacer discípulos.

C. Todos los líderes clave deben tener a su pastor como su mano derecha en el ministerio de los grupos para influenciarlos en su tarea. (*El pastor principal es la conexión vital para hacer que esto suceda*).

D. El mensaje de fin de semana es el mensaje más vital para poder conectar a su congregación.

   1. Cuando se trata de visión y estrategia, no hay mayor vehículo para dirigir el cuerpo de la iglesia que el sermón semanal del pastor principal.
   2. Los mensajes del pastor deben estar salpicados de promoción para el ministerio de los grupos.
   3. Testimonios de vidas cambiadas a través del ministerio de grupos, e historias de experiencias personales en el ministerio de grupos.

## ACTÍVATE

### III. PIENSA EN INVOLUCRAR A TODA LA IGLESIA

A. Al planificar el ministerio de sus grupos pequeños, debe comenzar por pensar en toda la iglesia. Los servicios de fin de semana, los cantantes, maestros, ujieres, y todos los ministerios de la iglesia trabajan juntos en los grupos para lograr el gran resultado

1. En una Iglesia los grupos pequeños no son otro ministerio, más bien todo corre por los grupos.
2. Si tenemos un evento, son los grupos (Distritales) que lo coordinan.
3. Si necesitamos ayuda con, registración, comida, limpieza, etc. todo se coordina por Grupos.
4. Nuestros entrenamientos de Discipulado son promovidos por los grupos y cada grupo tiene una meta de cuantos traer al discipulado.
5. Todos los eventos se coordinan por los grupos de Amistad y Distritos.
6. Los grupos son el Motor principal de la Iglesia.

B. Además de esto, en un grupo pequeño los nuevos creyentes tienen la posibilidad de hacer amigos inmediatos, lo que facilitará su permanencia y consolidación con la iglesia.

## CONCLUSIÓN

Un grupo promueve compromiso, motivación, constancia, compañerismo, un modelo de vida cristiana y el aprender los unos de los otros. Los grupos pequeños desempeñan un papel fundamental en la vida de cada congregación. Por ello, es importante que la iglesia tenga claridad sobre la visión y el propósito principal de sus grupos pequeños.

# CAP. 35

# USA LO QUE TIENES

*Marcos 6:38*

**Introducción:** Dios es especialista en imposibles, a veces solo tenemos que abrir los ojos un poco más para ver la mano de Dios. ¿Qué es lo que tenemos en nuestras manos? monedas, recursos, fuerzas, capacidades, talentos. No hacer nada con ellos sería un desperdicio. **Cada uno de nosotros tiene algo valioso, a lo cual hay que darle uso.**

## ACTÍVATE

## I. SI TE MANTIENES VIENDO LO QUE NO TIENES, NO USARÁS LO QUE SÍ TIENES

A. Un ejemplo es el de la persona que solo piensa en una casa más grande, un coche más nuevo y lujoso, una televisión con cientos de canales y no disfruta lo que tiene ahora. Muchas veces nos enfocamos en lo que los demás tienen en vez de enfocarnos en lo que nosotros tenemos.

1. La gente está tan deseosa de lo que no tiene, que su mente solo en eso piensa. Usa lo poco que tienes en lugar de quejarte de lo que no tienes y lo vas a lograr.

B. Vemos un hombre con recursos, pero se estaba quejando (*Jueces 6:12-16*) *"Y el ángel de Jehová se le apareció, y le dijo: Jehová está contigo, varón esforzado y valiente. Y Gedeón le respondió: Ah, señor mío, si Jehová está con nosotros, ¿por qué nos ha sobrevenido todo esto? ¿Y dónde están todas sus maravillas, que nuestros padres nos han contado, diciendo: ¿No nos sacó Jehová de Egipto? Y ahora Jehová nos ha desamparado, y nos ha entregado en mano de los madianitas. Y mirándole Jehová, le dijo: Ve con esta tu fuerza, y salvarás a Israel de la mano de los madianitas, ¿No te envío yo? Entonces le respondió: Ah, señor mío, ¿con qué salvaré yo a Israel? He aquí que mi familia es pobre en Manases, y yo el menor de la casa de mi padre. Jehová le dijo: Ciertamente yo estaré contigo, y derrotarás a los madianitas como a un solo hombre.*

C. Él tenía de su lado a Dios, en sus manos estaba la solución, pero solo se estaba quejando. Se miraba como se miró Mefiboset como un perro muerto. *(2 Samuel 9:8)*.

D. Gedeón estaba en medio de una crisis, y Dios le preguntó por qué no usaba sus fuerzas en contra de sus enemigos, en lugar de usarlas en su propia contra. Dios le dijo ve con tu fuerza y conquista a los madianitas. Pero Gedeón le respondió: ¿Yo?, Mi familia es pobre y yo soy el menor de mis hermanos.

E. ¿Quién dijo que para llegar a ser exitoso necesitas venir de una familia rica? La mayoría de gente exitosa ha sido como nosotros alguna vez. El problema es que creemos que nosotros nunca lo podremos lograr. Dios le dijo a Gedeón ve y usa tu fuerza. Dios está a tu favor, no en contra tuya.

## II. LOS LÍMITES ESTÁN EN LA MENTE

A. La Palabra de Dios dice que en Dios haremos proezas, pero somos nosotros quienes debemos hacerlas. Si quieres salir adelante, deja de ver lo que no tienes y ponte a producir lo que sí tienes. Muchas personas que están en problemas tienen el recurso, para resolver su problema, pero no lo usan. Los límites no están en lo físico sino en la mente.

B. Jesús desafía a sus discípulos. Sus discípulos le comentaron que no tenían dinero. Entonces el Señor les preguntó ¿Qué tienen? Uno de ellos dijo un par de peces y unos pocos panes. Luego pusieron lo que tenían en las manos de Jesús y ¡Dios bendijo a cinco mil personas, y hasta sobró!

C. En (*Marcos 8:19-21*) El Señor les estaba diciendo: ¿Acaso no se recuerdan cuando solo tenía 5 panes y 2 peces? No entienden que con lo pequeño se puede lograr algo grande. Tu talento, lo poquito que tienes, o lo que dices que sabes, puesto en las manos de Dios se convertirá en algo grande.

**D. La grandeza de las cosas pequeñas.** Veamos cuando Dios pensó liberar a su pueblo del imperio más poderoso de todos los tiempos; lo que Dios usó fue un esclavo tartamudo y una vara...Dios le dijo a Moisés: ¿*Que es eso que Tienes en tus manos? (Éxodo 4: 1 y 2 y 10-11).* Y moisés puso una excusa delante de Dios, mi pregunta el día de hoy ¿Cuál es tu Excusa? Qué le puedes decir a aquel que te formó y te conoce más que nadie aquí en el mundo.

**E.** Si Dios no te necesitara hace rato estarías bajo tierra, pero estás vivo, Dios quiere contar contigo, pero vivimos poniendo excusas, No, no es mi tiempo. ¿Estás seguro de que no te estás equivocando?

### III. LO QUE DIOS HIZO CON LA SIMPLE VARA DE MOISÉS

1. Con esta vara, las aguas de Egipto, se convirtieron en sangre.

2. Con ella golpeó el polvo del suelo y apareció una nube de moscas.

3. Luego la levantó hacia el cielo y empezó a descender granizo.

4. La volvió a levantar y se formó un ejército de langostas.

5. Con la vara dividió el Mar Rojo cuando el pueblo de Israel huía de Faraón.

6. Con esa vara golpeó la roca e hizo brotar agua cristalina para apagar la sed de más de un millón de israelitas.

7. Con la vara en alto, Israel venció los amalecitas.

A. Usa lo que Dios te dio, abre la boca y empieza a declarar victoria. Háblale a tu mar y se abrirá. Eres la boca de Dios que representa Su Reino. Declara paz en medio de la guerra. Ni el infierno podrá prevalecer contra ti, Dios te dio el poder para atar y desatar, para poner bajo tus pies las fuerzas del mal, para tomar posición de lo que te pertenece. Usa lo que tienes, declara la palabra y establece Su reino.

1. David tenía una onda en sus manos y derribó al gigante.
2. Eliseo tenía solo un manto, golpeó el jordán y el rio se dividió.
3. Una viuda con solo un frasco de aceite consiguió su sustento para toda su vida.
4. Con una nube como la palma de una mano Dios suplió lluvia por 3 años y medio de sequía.
5. Con la quijada de un burro sansón mató 1,000 filisteos. ¿Qué tienes tu? Estas personas tenían menos que nosotros, pero creían que Dios estaba con ellos y lograron grandes cosas.

## CONCLUSIÓN

Todos tenemos algo de parte de Dios. Reconoce que lo que tienes Dios lo puso en tus manos, se fiel con eso que tienes y úsalo para la gloria y honra de Él. Dios es especialista en imposibles. ¿Qué es lo que tenemos en nuestras manos? No hacer nada con ello sería un desperdicio. **Cada uno de nosotros tiene algo valioso, a lo cual hay que darle uso.**

**ACTÍVATE**

# ¿CÓMO EMPIEZA LA CAÍDA ESPIRITUAL?

*Apocalipsis 2:1-5, Apocalipsis 3:15-17*

**Introducción:** ¿Cómo se definiría realmente la caída de un creyente? Primeramente, se va perdiendo el interés en su palabra, en la oración, en asistir a la iglesia, en dar testimonio y, finalmente, la persona termina regresando a su antigua vida pecaminosa. *El problema es que el más frio, es el que menos se da cuanta.*

# ACTÍVATE

## I. LA CAÍDA ES UN PROCESO GRADUAL

A. La caída no sucede de un momento a otro, es un proceso que nos lleva a un triste final. En realidad, son pequeñas cosas que sin darnos cuenta ya han ganado terreno en nuestra vida. *(Cantares 2:15)*. Las zorras son enemigos de las viñas. La zorra es sinónimo de destrucción semejante a la termita.

B. ¿Qué son las pequeñas zorras? Las pequeñas zorras pueden ser: La mala actitud, la crítica, la venganza, la pereza, el pecado, la codicia. En la Biblia podemos ver a un personaje llamado Lot que nos muestra un descenso espiritual empezando por la codicia. **(Genesis 13:10)**. *"Y alzó Lot sus ojos, y vio toda la llanura..."* La mayoría de nuestros pecados empiezan por los ojos. Desde el momento en el que nuestros ojos dejan de estar puestos en Dios, nuestro corazón se empieza a apartar de Él.

C. Lot se acerca poco a poco a Sodoma. *"Abram acampó en la tierra de Canaán, en tanto que Lot habitó en las ciudades de la llanura, y fue poniendo sus tiendas hasta Sodoma. Mas los hombres de Sodoma eran malos y pecadores contra Jehová en gran manera"* (Genesis 13:12-13). Finalmente, Lot perdió todas sus riquezas, perdió a su esposa, y perdió a sus hijas que se involucraron en el pecado de la Inmoralidad. *(Genesis 19:33)* Finalmente Lot fue salvo del juicio de Dios, solo por la oración de Abram.

## II. LA CAÍDA GRADUAL DEL REY DAVID

A. David se quedó en Jerusalén. (*2 Samuel 11:1*) Describe la forma como comenzó la caída del rey David. El texto menciona "... *pero David se quedó en Jerusalén*" Era tiempo de guerra, pero él no fue, envió a Joab y su ejército.

B. Esto está sucediendo en la vida de muchos cristianos. Podríamos decir que en vez de ir a la guerra (los servicios de su iglesia, oración, asistencia al grupo pequeño etc.), se quedan en casa mirando televisión. La Biblia nos exhorta detalladamente a asistir a la iglesia.

1. *(Hebreos 10:25) "no dejando de congregarnos, como algunos tienen por costumbre, sino exhortándonos; y tanto más, cuanto veis que aquel ...*

2. *(Salmos 27:4) "Una cosa he demandado a Jehová, esta buscare; que este yo en la casa de Jehová todos los días de mi vida, Para contemplar la hermosura de Jehová, y para inquirir en su templo".*

3. *(Salmos 84:4) "Bienaventurados los que habitan en tu casa; perpetuamente te alabaran.*

4. *(Salmos 84:10) "Porque mejor es un día en tus atrios que mil fuera de ellos".*

5. *(Salmos 122:1) "Yo me alegre con los que decían: A la casa de Jehová iremos".*

## III. EL ENEMIGO LLEGARÁ EN LOS MOMENTO DE OCIO

A. La Biblia nos da varias enseñanzas de la ociosidad. Esta historia nos da una detallada descripción de las consecuencias de la ociosidad.

1. *(V2) Y sucedió un día al caer la tarde... vio a una mujer..."* La oferta llegó cuando él estaba sin hacer nada "...se levantó y ante sus ojos estaba la tentación. Recuerde que la tentación es gradual. Muchas de las caídas espirituales comienzan en momentos de ocio, es allí donde llega la oferta de Satanás.

## ACTÍVATE

2. *(V3)* El rey tuvo un deseo (acostarse con aquella mujer) La semilla del pecado estaba sembrada en su corazón. Solo le faltaba accionar, pero dependía de él. Sin embargo, David no detuvo su loca carrera porque del pensamiento paso a la acción.

3. *(V4)* "Y envió...y la tomó... y durmió con ella..." - Aquella obsesión gobernó su vida hasta que cometió el pecado.

### IV. DESPUES DE LA CAIDA COMIENZAN LOS VERDADEROS PROBLEMAS

A. Mientras David estuvo ocupado, el tentador no tuvo oportunidad de inducirlo al camino de pecado. Pero Satanás espera el momento en que nos descuidemos para atacarnos. Cuando decidió no ir a la guerra la trampa estuvo lista para caer en la tentación.

1. Después de la caída viene el verdadero calvario para David. *(V 5)"La mujer estaba embarazada"* ¿Cómo hago ahora, pensó David?

2. Intenta resolver el problema. *(V 6-8) "Envíame a Urías heteo."* Aquí comienza su hipocresía. Cuando llega Urías, le pregunta por la salud de Joab. Luego usa un plan para resolver el problema: - Desciende a tu casa y acuéstate con tu mujer- Enseguida David le envía un presente de la mesa real.

3. *(V 9-10)* Fracasa el plan "...*Más Urías no descendió a su casa*" David Reacciona con enojo. Urías de dice: ¿Estando en guerra tendré deleite con mi esposa? por la vida tuya no debo descuidarme". Aquel hombre dispuso su vida por el rey y él lo había traicionado dándole una puñalada por la espalda.

4. *(V12-13)* David refuerza su plan...quédate aún hoy y mañana te despacharé. Lo embriaga con el fin que se fuera a su casa, pero también falla porque él no descendió a su casa." A estas alturas la preocupación de David era ya grande puesto que las cosas no habían salido como él quería.

5. *(V14-15)* Entonces pasa a un plan diabólico. Este plan es aún más sucio ya que debía matarlo y problema resuelto."...*y retiraos de él para que muera en la batalla."* Pero no contaba que Dios lo sabía todo, las escrituras mencionan: (*V27*) "... *más esto que David había hecho, fue desagradable ante los ojos de Jehová."*

B. Lo que aprendemos del estudio. Aún los mejores pueden caer en pecado. David era una persona que tenía los mejores propósitos, sin embargo, su descuido no impidió que cometiera pecado.

## V. EL PRECIO DEL PECADO OCULTO

A. *Quien Siembra Vientos Cosecha Tempestades. (Oseas 8:7)* Siempre se cosecha más de lo que siembra. Efectivamente, cuatro de sus hijos son muertos en condiciones tales que no se puede dejar de ver el juicio de Dios.

B. David embriagó a Urías para que perdiera la noción de las cosas y luego planeó su muerte sin ni siquiera darse cuenta del huracán que enfrentaría. *(V.14-15)*.

1. El hijo nacido de adulterio con Betsabé muere. *(2 Samuel 12:19)*.

2. Absalón mata a Amnón su propio hermano *(2 Samuel 18:14,15)*.

3. Absalón muere ahorcado *(2 Samuel 13:28 al 33)*.

4. Salomón mata a su medio hermano Adonías *(1ª Reyes 2:25)*.

# CONCLUSIÓN

Tengamos cuidado con el pecado, puesto que de manera sutil se anida en forma de un pensamiento que pasa poco a poco a ser una obsesión y llega a controlar la vida de un hombre, haciéndolo actuar fuera de sí, y llevándolo a cometer actos vergonzosos y desagradables ante los ojos de Dios.

Hoy Dios nos da una advertencia. Quizá usted no ha llegado a este nivel, pero puede ser que en esta misma hora se esté acercando. David no paró a tiempo y fue muy grande su dolor. Hoy estamos a tiempo. Por lo que más quiera venga y confiese su pecado y arrepiéntase hoy.

# CAP. 37

# VENCIENDO EL ESPÍRITU DE TEMOR

*2 Timoteo 1:7*

**Introducción:** Podemos ver desde el principio de la iglesia que este "espíritu de temor o miedo" ataca a los hijos de Dios. Los problemas, no son una sorpresa, solo son para confirmar su fe. Cuando pasamos por momentos difíciles en nuestras vidas, Dios no está ajeno a ello; en este punto es donde Dios dice quiero saber qué hay en tu corazón, qué ha hecho el evangelio en tu vida. Muchos temen al presente, temen al futuro o incluso al pasado. Quiero que sepa que el miedo no viene de Dios. Para vencer este temor necesitamos confiar totalmente en Dios.

**ACTÍVATE**

## I. EL MIEDO ES UN ARMA DE SATANÁS

A. Él dijo: (*Juan 16:33*) *"Estas cosas os he hablado para que en mí tengáis paz. En el mundo tendréis aflicción; pero confiad, yo he vencido al mundo".* Desde el libro del Génesis y hasta el libro de Apocalipsis, Dios nos recuerda "No temas". (*Isaías 41:10*)*"No temas, porque yo estoy contigo; no desmayes, porque yo soy tu Dios que te esfuerzo; siempre te ayudaré, siempre te sustentaré con la diestra de mi justicia".*

B. El Miedo es un arma poderosa de Satanás. La realidad no es solo lo que puede significar, sino el daño que puede causar. Vivir lleno de miedos puede paralizar todos los planes que Dios tiene con nosotros y puede paralizarnos a nosotros mismos. El miedo nos ha atrincherado, nos ha paralizado, nos ha quitado la victoria, nos ha mutilado los planes y las bendiciones de Dios.

C. Por ejemplo, hay diferentes clases de miedos.
   1. Miedo al trabajo.
   2. Miedo a lo nuevo.
   3. Miedo a las mujeres.
   4. Miedo a los ratones.
   5. Miedo a la pobreza.
   6. Miedo a la caída del pelo.
   7. Miedo a las arrugas.
   8. Miedo a la muerte.
   9. Miedo de hablar en público.
   10. Miedo al compromiso.

11. Miedo al conducir.

12. Miedo al rechazo de sus amigos.

13. Miedo a conquistar. El miedo es, un reto, un reto que todo cristiano debe vencer.

## II. ¿CÓMO CONQUISTAR EL MIEDO?

A. Creyendo a las promesas de Dios. La Biblia ofrece instrucciones sobre cómo superar cualquier temor o miedo. La Biblia nos dice específica y repetidas veces que no debemos temer a nada ni a nadie.

1. *(Salmos 3:6)* *"No temeré a diez millares de gente, Que pusieren sitio contra mí".*

2. *(Salmos 27:2-3)* *"Cuando se juntaron contra mí los malignos, mis angustiadores y mis enemigos, Para comer mis carnes, ellos tropezaron y cayeron. Aunque un ejército acampe contra mí, No temerá mi corazón; Aunque contra mí se levante guerra, Yo estaré confiado.*

B. Buscando escrituras que declaran el poder soberano de Dios. Construya su fe, creyendo que Dios es quien dice que es y qué va a hacer todo lo que dijo que va a hacer en su vida.

C. Repitiendo continuamente las promesas de Dios. Cuando meditamos en su Palabra y repetimos sus promesas bíblicas, esto será un arma poderosa para pelear con su mente, con su estado de ánimo y con sus miedos.

Cuando su mente quiere pensar en sus miedos, su espíritu debe centrarse en el poder de Cristo Jesús, entonces el temor comenzará a desaparecer como la neblina.

# ACTÍVATE

*(Mateo 10:30-31) "Porque aún vuestros cabellos están todos contados. Así que, no temáis; más valéis vosotros que muchos pajarillos".*

D. Cuando el temor ataque, recuerde que Dios tiene un plan para su vida. *(Jeremías 29:11) "Porque yo sé los pensamientos que tengo acerca de vosotros, dice el Señor," planes de bienestar y no de calamidad, a fin de darles esperanza y un futuro".* Si el plan de Dios para tu vida es bueno y sin daño, ¿Por qué hay que temer?

## III. LA IMPORTANCIA DE UNA RELACIÓN CON DIOS ATRAVEZ DE LA ORACIÓN.

A. *(Hechos 4:31) "Cuando hubieron orado, el lugar en que estaban congregados tembló; y todos fueron llenos del Espíritu Santo, y hablaban con denuedo la palabra de Dios". (Isaías 37:14-20).*

B. Si tenemos un problema en nuestra vida, tenemos que venir ante Dios y derramar nuestro corazón delante de Él. *(Jeremías 33:3).*

C. Cualquier cosa puede ser conquistada en la vida mediante la oración sincera y ferviente, incluyendo el miedo. El miedo se puede vencer a través de la oración. El miedo es un estado de tormento y de parálisis para todo cristiano. " *"En el amor no hay temor, sino que el perfecto amor echa fuera el temor: porque el temor lleva en sí castigo. El que teme no ha sido perfeccionado en el amor." (1 Juan 4:18).*

## IV. VERSOS SELECTOS PARA SU AYUDA

1. *(Jeremías 20:11) "Mas Jehová está conmigo como poderoso gigante; por tanto, los que me persiguen tropezarán, y no prevalecerán; serán avergonzados en gran manera, porque no prosperarán".* Si cada mala noticia nos llena de temor, entonces, de cierta medida, Satanás ha ganado victoria. Quizá la enfermedad no haya tenido éxito en dañarnos físicamente, pero sí cada amanecer el temor es lo que le despierta entonces satanás nos está ganando la batalla.

2. *(Filipenses 4:6-7) "No se preocupen por nada; más bien, en toda ocasión, con oración y ruego, presenten sus peticiones a Dios y denle gracias. Y la paz de Dios, que sobrepasa todo entendimiento, cuidará sus corazones y sus pensamientos en Cristo Jesús".*

3. *(Proverbios 29:25) "El temor del hombre pondrá lazo; Mas el que confía en Jehová será exaltado".*

4. *(Salmos 27:3) "Aunque un ejército acampe contra mí, No temerá mi corazón; Aunque contra mí se levante guerra, Yo estaré confiado.*

5. *(Salmos 34:4) "Busqué al Señor, y él me respondió; me libró de todos mis temores".*

6. *(Hebreos 13:6) "Así que podemos decir con toda confianza: «El Señor es quien me ayuda; no temeré. ¿Qué me puede hacer un simple mortal?»*

7. *(Salmos 56:4) "En Dios he confiado; no temeré; ¿Qué puede hacerme el hombre?*

8. *(Éxodo 14:13) "Pero Moisés dijo al pueblo: No temáis; estad firmes y ved la salvación que el Señor hará hoy por vosotros; porque los egipcios a quienes habéis visto hoy, no los volveréis a ver jamás".*

## ACTÍVATE

9. *(2 Reyes 6:15-16) "Y cuando el que servía al hombre de Dios, vio que un ejército con caballos y carros rodeaba la ciudad. Y su criado le dijo: «¡Ah, señor mío! ¿Qué haremos?». Y él respondió: «No temas, porque los que están con nosotros son más que los que están con ellos».*

10. *(Salmo 23:4) " Aunque ande en valle de sombra de muerte, No temeré mal alguno, porque tú estarás conmigo; Tu vara y tu cayado me infundirán aliento".*

## CONCLUSIÓN

La valentía, o ausencia de temor, se basa en la seguridad de que la Presencia de Dios está siempre con nosotros en todas las batallas, para darnos la victoria de todos nuestros enemigos. Por esta razón Moisés, se acercó a Josué y le dijo: *Jehová va delante de ti; él estará contigo, no te dejará ni te desamparará, no temas ni te intimides".* *(Deuteronomio 31:8)* En la vida cristiana vas a encontrar dificultades, vas a confrontar enemigos, pero quiero decirte algo "Dios va a estar contigo y serás invencible", en toda batalla que enfrentes serás invencible, "ninguna arma forjada contra ti prevalecerá, si Dios está contigo, quién, contra ti, no te vencerán porque el Señor estará contigo para librarte".

# CAP. 38

# LAS BENDICIONES DE LA UNIDAD

**Introducción:** Estamos viviendo en nuestros países tiempos de división, podemos ver que hoy lastimosamente el mundo está dividido por la política, por las religiones, por cuestiones raciales, por las opiniones, etc. Pero nuestro Señor Jesucristo nos dice por medio de su palabra, cuál es su anhelo para su iglesia: QUE TENGAMOS UNIDAD, QUE SEAMOS UNO. Así como nuestro Dios es perfecto en unidad, es decir que aun en este tiempo de división y de falta de unidad, nuestro Dios quiere que nosotros sus hijos estemos unidos, que como hijos de Dios seamos agentes de unidad y no de división.

## ACTÍVATE

### I. EL LLAMADO DE JESÚS A SU IGLESIA

A. Este es el llamado que se nos hace como iglesia en el nuevo testamento, que estemos unidos, que avivemos esta unidad *(1 Corintios 1:10) "Os ruego, pues, hermanos, por el nombre de nuestro Señor Jesucristo, que habléis todos una misma cosa, y que no haya entre vosotros divisiones, sino que estéis perfectamente unidos en una misma mente y en un mismo parecer.*

B. La palabra de Dios nos muestra los beneficios de la unidad:

1. En la unidad hay victoria *(1 Crónicas 19:11-15).*

2. En la unidad hay avance *(Nehemías 4:6, 8:1).*

3. En la unidad hay fortaleza *(Eclesiastés 4:9-12).*

4. En la unidad hay respuesta *(Mateo 18:19).*

5. En la unidad hay bendiciones eternas. *(Salmos 133).* Podemos darnos cuenta de que como seres humanos hay mucha motivación bíblica por las cuales debemos permanecer unidos.

### II. NOS UNIMOS POR CAUSA DE APOYO:

A. Nos unimos por apoyo a las necesidades de los demás, por apoyo a los que están sufriendo, a los que están pasando escasez, a los que han perdido todo, etc. Aun las personas en el mundo se unen para levantar su voz y protestar, para exigir, para señalar las injusticias que se han cometido y pedir que se haga justicia, como lo vemos cada día en diferentes partes del mundo.

B. Mi pregunta es: ¿Porque tenemos que unirnos hasta cuando hay dolor, cuando pasan catástrofes o situaciones de crisis, o cuando se cometen injusticias? Porque no decidimos ser cada uno de nosotros AGENTES DE UNIDAD ¿Por qué no decidimos nosotros comenzar a fomentar la unidad en nuestra familia, en nuestra comunidad, en nuestro lugar de trabajo, y en nuestra iglesia?

C. ¿Cómo podemos lograrlo?. Comenzando primeramente en nuestra familia *(Marcos 3:25) "Y si una casa está dividida contra sí misma, tal casa no puede permanecer".*

1. Tenemos que saber que uno de los principales objetivos de satanás es la división de la familia, pues una familia dividida contra sí misma es débil, y puede ser destruida más fácilmente, y es por eso que como hijos de Dios y agentes de unidad tenemos que procurar la unidad de nuestra familia, no solamente vivir juntos, sino vivir en unidad y en armonía.

2. Debemos saber que para lograr la unidad de nuestra familia no es fácil ya que quizás habrá muchos conflictos entre los miembros de la familia *(Miqueas 7:6) "Porque el hijo deshonra al padre, la hija se levanta contra la madre, la nuera contra su suegra, y los enemigos del hombre son los de su casa".*

C. Tenemos que saber que ya el Señor nos ha dado lo necesario para poder enfrentar y superar esos conflictos. (*2 Timoteo 1:7*) No podemos seguir con una actitud de cobardía viendo como nuestra familia se divide y se destruye, pues él nos ha dado el poder del amor para perdonar, y dominio propio para pasar por alto la ofensa.

### ACTÍVATE

D. Si tienes una familia enferma, dividida, tienes que aplicar la mejor medicina que nuestro Dios nos ha dejado (*1 Pedro 4:8*) EL AMOR. *"Y, ante todo, tened entre vosotros ferviente amor; porque el amor cubrirá multitud de pecados".*

### III. DEJE DE SER EL "ESLABÓN PERDIDO"

A. (*1 Corintios 12:19-21*) *"Porque si todos fueran un solo miembro, ¿dónde estaría el cuerpo? Pero ahora son muchos los miembros, pero el cuerpo es uno solo. Ni el ojo puede decir a la mano: No te necesito, ni tampoco la cabeza a los pies: No tengo necesidad de vosotros.*

B. Una cadena es muy fuerte, pero ¿de qué sirve un eslabón solo? Hay muchos proyectos, y objetivos que como iglesia, como familia, como comunidad podemos alcanzar, pero hay muchos eslabones sueltos, hay muchas personas que prefieren apartarse y trabajar solos por su cuenta, que no se involucran, que prefieren criticar en lugar de participar, que se dedican a desanimar en lugar de motivar.

C. ¿No te has dado cuenta que quizás tu eres el eslabón que falta para poder realizar un proyecto en tu iglesia, para poder ayudar a las personas o iglesias que tienen necesidad, para poder comenzar un nuevo ministerio en la iglesia, para llevar la salvación a alguien más? ¿Por qué no te unes a esta cadena de bendición?

   1. Comprende, si ese eslabón no está unido ¿cuántas almas se pueden perder? ¿cuántos planes no se cumplirán? ¿cuántos proyectos no se realizarán?

## IV. IDENTIFIQUE LOS AGENTES DE DIVISIÓN

A. En la palabra de Dios se nos muestra dos tipos de personas que son agentes de división, tanto en la familia, como en nuestros lugares de trabajo y también en la iglesia, estos dos tipos de personas son:

1. Los escarnecedores. *(Proverbios 22:10) "Echa fuera al escarnecedor, y saldrá la contienda.* Otra versión lo declara así: *Aleja de ti al buscapleitos y se acabarán los problemas.* Los escarnecedores no fomentan la unidad sino la división. Un escarnecedor es el que habla mal de otros, se burla, ofende, ridiculiza, insulta o afrenta delante de varias personas.

2. Los chismosos. *(Proverbios 26:20) "Sin leña se apaga el fuego, Y donde no hay chismoso, cesa la contienda.* Los chismosos fomentan la división porque llevan y traen chismes, crean conflictos, no piensan en el daño que causan, (*Levítico 19:16-18*) *"No andarás chismeando entre tu pueblo. No atentarás contra la vida de tu prójimo. Yo Jehová".*

B. Sepa que la persona que causa división no sirve al Reino de Dios, sino que se convierte en un instrumento del mal.

## V. LAS BENDICIONES DE LA UNIDAD

A. *¡Cuán bueno y cuán agradable es que los hermanos convivan en armonía! (Salmos 133:1)* Cuando has estado orando por algo y no parece ser escuchado por Dios, es posible que necesites que alguien ore contigo. De acuerdo con el versículo, es buena la unidad porque trae la bendición de Dios. *(V.3) "Porque allí envía Jehová bendición, Y vida eterna" ....*

B. Cuando dos o más personas se ponen de acuerdo, Jesús promete estar con ellos y Su presencia ejerce más poder del que podemos imaginar en nuestras vidas y en nuestras circunstancias. *(Mateo 18: 19–20)* La Biblia dice que una persona perseguirá a mil y dos personas harán huir a diez mil. *(Deuteronomio 32:30)*

## CONCLUSIÓN

Debido a que la bendición de Dios se basa en la unidad y Su presencia está con aquellos que están de acuerdo en Su nombre, el enemigo trabajará diligentemente para dividir a las personas, generar conflictos en las relaciones manteniendo a las personas en desacuerdo entre sí. Necesitamos entender el poder que hay en la unidad, por ello todos necesitamos ejercer ese poder trabajando en unidad escuchando Su voz con y atreves de los demás.

## CAP. 39

# GRUPOS PEQUEÑOS ORGANIZADOS

*Éxodo 18:25, Efesios 4:15-16*

**Introducción:** Esta es una invitación a colaborar con nuestros pastores para organizar grupos pequeños de Crecimiento, en tu casa, tu iglesia o en línea. Creo que con un poco de entrenamiento casi cualquier persona puede organizar un grupo pequeño de Crecimiento.

Sin importar cuán buena sea nuestra prédica, nuestra música, o todo lo demás de la iglesia, si no involucramos a la gente en algún grupo pequeño, perderemos a mucha gente al cabo de algunos meses. Estoy seguro que para un crecimiento sólido y efectivo, para un

## ACTÍVATE

buen discipulado, para ganar y mantener a la gente, el mejor sistema que podemos tener son los grupos pequeños. Quizá usted tenga otra forma, pero le aseguro que la forma que el señor nos dejó es la mejor.

## I. LA NECESIDAD DE AMISTADES

A. ¿Cuál es la importancia de tener amigos? ...

La importancia de tener amigos es muy significativa, puesto que no solamente influye en cómo nos relacionamos con los demás, integrándonos con la sociedad, sino que también nos aporta bienestar emocional, incrementa la autoestima y el autoconcepto y nos permite aliviar emociones negativas.

B. *(Hebreos 10:14) "Preocupémonos los unos por los otros, a fin de estimularnos al amor y a las buenas obras".* La amistad es esencial para crear un ambiente de confianza. En los grupos pequeños en casas, puede ocurrir muchas cosas como resultado de la presencia del Espíritu Santo.

1. En un grupo pequeño, el ambiente es más relajado, y esto permite que la gente se sienta segura para abrir mejor sus corazones.

C. El sistema de grupos pequeños no es "una estrategia nueva para hacer crecer la iglesia". Hermanos en los grupos podemos contar libremente entre nosotros lo que Dios ha hecho por nuestras vidas. Para alcanzar esto deben hacer lo que la iglesia primitiva, organizar grupos pequeños de cuatro o cinco personas cada uno y reunirse una vez por semana para contarse lo que hay en sus corazones; sinceramente yo considero esto como una de las más grandes bendiciones.

D. Juan Wesley fue utilizado por Dios como instrumento en el Avivamiento metodista. Él organizó las comunidades por grupos pequeños, lo que hizo que se produjera un gran avivamiento.

## II. LOS GRUPOS PEQUEÑOS Y EL CRECIMIENTO DE LA IGLESIA.

A. Básicamente, un grupo pequeño son seis a ocho creyentes reunidos para ministrarse mutuamente, para crecer en el amor y la unidad, y para animarse en su consagración a Cristo. Su propósito es ayudar a establecer el contacto entre los miembros del cuerpo.

1. La iglesia que desea crecer debe saber que los grupos pequeños son esenciales para que las personas puedan desarrollar relaciones y así crecer en número y crecer en Cristo.

B. ¿Cómo fue el ejemplo de expansión en la iglesia primitiva? Creemos al igual que los apóstoles que es necesario que el evangelio sea «enseñado públicamente y en las casas» *(Hechos 20:20 ).*

C. Cada persona ha sido creada a imagen de Dios y enriquecida con un gran talento y potencial. El potencial de las personas puede ser mejor desarrollado con el apoyo de una comunidad de creyentes. Para llegar a ser una comunidad que provea apoyo, las personas necesitan conocerse a fondo, y esto lleva tiempo, empeño y un compromiso de compartir juntos.

D. El crecimiento de la iglesia se logra a través de la evangelización. El Espíritu Santo ha provisto de dones espirituales a cada cristiano para ministrarse unos a otros. El potencial de cada persona es descubierto detrás de los Grupos Pequeños.

## ACTÍVATE

E. El crecimiento de la iglesia es aquel que se mide en cantidad y calidad. el Nuevo Testamento, lo explica en términos exactos:

1. En cantidad. La Biblia utiliza números, por ejemplo: 12, 70, 120, 500, 3,000, 5000. Era un crecimiento balanceado: Hombres, mujeres, niños. Su crecimiento era diario, continuo, sistemático.

2. En calidad. Para descubrir el crecimiento cualitativo en el Nuevo Testamento se nos habla de la calidad espiritual de la iglesia y de sus prácticas espirituales, se nos habla de: Bautismos, comunión, partimiento del pan, testimonio, oración, ayuno, milagros. Esto es sorprendente.

## III. ¿CÓMO SE FORMAN LOS GRUPOS PEQUEÑOS?

A. La formación de los grupos pequeños puede ser muy versátil. Considerando esto, la iglesia puede formar los grupos pequeños según la necesidad para la restauración y fortalecimiento de cada persona; estos grupos requieren la dirección de personas capacitadas en el área de la consejería y personas ya restauradas que puedan ayudar a otros. Los grupos se distribuyen de acuerdo a:

1. Proximidad geográfica: por zona, barrio, compañía.
2. Edad: grupos pequeños de jóvenes, de adolescentes, de adultos.
3. Sexo: grupos pequeños de hombres y de mujeres.
4. Grupos con necesidades comunes: divorciados, hijos de padres separados, personas que sufrieron abuso, madres solteras, con problemas de adicción.

5. Grupos de profesionales: Grupos de universitarios, de profesionales, de jubilados, de empresarios, de músicos o cantantes.

## CONCLUSIÓN

Para terminar, nos gustaría alentar a los pastores señalando que uno de los mayores beneficios que una iglesia obtiene del sistema de grupos pequeños, es la formación de líderes, que se desarrollan naturalmente en el seno de la convivencia con los grupos de crecimiento. Muy a menudo, algunos pastores objetan que "no pueden empezar grupos pequeños porque la iglesia no tiene suficientes líderes". Sin embargo, la iglesia no tiene suficientes líderes porque no ha puesto en marcha los grupos pequeños.

**ACTÍVATE**

# CAP. 40

# RELACIONES MÁS QUE LECCIONES

*Lucas 10:33-35; Mateo 7:12*

**Introducción:** El propósito de este tema es establecer un fundamento sólido para su liderazgo, el liderazgo que hay en usted. Si usted siente que no reúne las cualidades para ser líder no se preocupe; alguien dijo que el líder no nace el líder se hace. En la historia que hemos leído hay tres personajes: El hombre caído, los dos religiosos y el buen samaritano; esta enseñanza es para enseñarnos la forma correcta cómo actuar. Estos dos hombres tenían religión, tenían conocimiento, pero les faltaba la misericordia.

## ACTÍVATE

### I. LA LECCIÓN MÁS IMPORTANTE DEL CRISTIANISMO.

A. Entiende que la relación es más importante que tu lección. Esta debería ser una de las materias que nos deberían enseñar en los institutos bíblicos. Un millonario industrial Dijo: Estaré dispuesto a pagar más por la habilidad de tratar con las personas que por cualquier otra habilidad debajo del sol.

B. El presidente Roosevelt. Dijo: La relación es el ingrediente más importante en la forma del éxito. Hemos conocido a personas en posiciones de servicio con actitudes muy pobres hacia el servicio a los demás, por ejemplo:

1. El policía que ha sido puesto para servir y cuidar a su comunidad, y trata con despotismo a la gente.

2. El mesero que fue empleado para servir, y le atiende pésimamente.

3. Una iglesia puesta para ayudar a la comunidad que no ama a su prójimo.

C. Hay predicadores muy excelentes que no reúnen gente porque lo que impactará más a las personas no es el mensaje sino la actitud que tengo hacia ellos. El mensaje hace el 10% la actitud el 90%.

### II. LA BENDICIÓN DE PRACTICAR LA REGLA DE ORO

A. Los líderes destacados hacen lo posible por fomentar la autoestima en el personal. La mejor manera de ganar al personal es mostrar preocupación por ellos mediante palabras y acciones. Si las personas creen en sí mismas, es sorprendente lo que pueden realizar.

B. Los mensajeros deben ser motivadores en todos sus aspectos. *(Jueces 6:12), (1Corintios 11:2)*. Estamos aquí para motivar, para restaurar, para recalcar las cualidades que están escondidas en los seres humanos. Recuerde no enfocarse en los defectos.

C. Lo bueno que permita en los demás, Dios hará que ocurra en usted. *(Gálatas 6:7)*.

   1. *(Efesios 6.8); "Sabiendo que el bien que cada uno hiciere, ese recibirá del Señor.*

   2. *(Isaías 58:7-12) ¿No es que compartas tu pan con el hambriento, que, a los pobres errantes albergues en casa, que cuando veas al desnudo lo cubras y que no te escondas de tu hermano? Entonces nacerá tu luz como el alba y tu sanidad se dejará ver en seguida; tu justicia irá delante de ti y la gloria de Jehová será tu retaguardia. Entonces invocarás, y te oirá Jehová; clamarás, y dirá él: "¡Heme aquí! Si quitas de en medio de ti el yugo, el dedo amenazador y el hablar vanidad, si das tu pan al hambriento y sacias al alma afligida, en las tinieblas nacerá tu luz y tu oscuridad será como el mediodía." Jehová te pastoreará siempre, en las sequías saciará tu alma y dará vigor a tus huesos. Serás como un huerto de riego, como un manantial de aguas, cuyas aguas nunca se agotan. Y los tuyos edificarán las ruinas antiguas; los cimientos de generación y generación levantarás, y serás llamado "reparador de portillos", "restaurador de viviendas en ruinas."*

## III. DÉJELES ESCUCHAR TODO LO BUENO QUE VEA EN ELLOS

A. Si quiere que otros sean mejores, déjele escuchar todo lo bueno que vea en ellos. En su esposa, en sus hijos, padres, amigos y su grupo de amistad. Busque lo bueno de ellos en todo. *(1Tesalonicenses 5:21) "Examinadlo todo; retened lo bueno".*

B. El secreto es no hablar mal de nadie y hablar todo el bien que sepa de cada persona. Las investigaciones dicen que la mayoría de las personas pueden sonreír durante dos meses a causa de cinco palabras de elogio y una palmada en la espalda.

C. Cuando la persona se siente animada, puede enfrentar lo imposible y sobreponerse a la adversidad de manera increíble. La falta de ánimo puede impedir a la persona de una vida saludable y productiva.

## IV. QUIEN REGALA ÁNIMO SE CONVIERTE EN UN LIDER INFLUYENTE

A. La estima es la clave más importante para ganar el corazón de las personas. La mayoría de las personas, aunque tengan siete o setenta años, pueden requerir ayuda con su IDENTIDAD propia. A todos ellos les encantaría que les aumentaran su autoestima. ¿Cómo podremos salvar al perdido con predicaciones negativas?

B. Los padres se aseguran de que los hijos se sientan miembros importantes de la familia. Los cónyuges hacen que la persona con quien están casados se sienta como un compañero de valor.

## V. PROCURA HOY AYUDAR A ALGUIEN

A. Que esta semana sea diferente, **déjales escuchar a los tuyos todo lo bueno que hay en ellos.** Hagámoslo desde este momento tratando de crear un ambiente adecuado. (*Jeremías 15:19*).

B. No existe mejor ejercicio que agacharse y levantar a alguien.

  1. Hay muchos caídos que necesitan una mano que los levante.

  2. Hay muchos tristes que necesitan una palabra que los motive.

  3. Hay muchos decepcionados que necesitan un amigo que les de esperanza.

  4. Hay muchos golpeados que necesitan quien vende sus heridas. (*Lucas 10:34*) *"y acercándose, vendó sus heridas, echándoles aceite y vino; y poniéndole en su cabalgadura, lo llevó al mesón, y cuidó de él".*

## CONCLUSIÓN

Sinceramente ¿Cómo nota que las personas se quedan después que han hablado con ellos? La meta es: alumbrar el lugar de trabajo, nuestro hogar o el grupo pequeño donde lleguemos. Y por último recuerde la lección: Lo bueno que permita que ocurra en los demás, Dios lo hará que ocurra en usted. ¿Quiere usted ponerse en las manos de Dios para que le ayude y pueda ser de bendición a sus hijos, sus padres, su conyugue, su grupo y a todos los que le rodean?

## ACTÍVATE

# EL PODER DE LOS PENSAMIENTOS

*Juan 8:32*

**Introducción:** Cada País festeja el día de la libertad. Cuando se habla de libertad, se habla de alegría, de risas felicitaciones. Dios siempre ha querido hacer al hombre libre no solo de su prisión física como lo hizo con Pablo y Silas, o como lo hizo con Pedro. (*Isaías 61:2-3*)

Israel tuvo su cuerpo libre y aunque lo tenía todo, su mente quedo cautiva por el enemigo. No abras la puerta ni a pensamientos ni a personas negativas.

## I. EL PODER DEL PENSAMIENTO

A. Los pensamientos determinan cómo nos sentimos, cómo nos comportamos y cómo afrontamos los desafíos. Los pensamientos positivos nos ayudan a mejorar nuestra autoestima, nuestra salud y nuestro bienestar. Los pensamientos negativos nos limitan y nos generan estrés. Por eso, es importante canalizar el pensamiento a un fin constructivo.

B. El poder del pensamiento puede cambiar la composición química de las células del cerebro, y del sistema nervioso central para destruirlo. David lo sabía y por ello se hablaba así mismo: *(Salmos 42:5) ¿Por qué te abates, oh alma mía, Y te turbas dentro de mí? Espera en Dios; porque aún he de alabarle, Salvación mía y Dios mío.*

C. Los sicólogos dicen: Descubrimos que de la manera que el hombre piensa influye la manera como actúa. Con respecto a esto creo que los sicólogos están poco atrasados, miremos lo que dice la biblia con respecto a esto ya que este principio se había escrito muchos años atrás.

1. *(Proverbios 23:7) "Porque cuál es su pensamiento en su corazón, tal es el".*
2. *(Job 23:25-26) "Porque el temor que me espantaba me ha venido, Y me ha acontecido lo que yo temía. No he tenido paz, no me aseguré, ni estuve reposado; No obstante, me vino turbación".*
3. *(Efesios 4:23) "y renovaos en el espíritu de vuestra mente, 24 y vestíos del nuevo hombre, creado según Dios en la justicia y santidad de la verdad".*

D. La mente es como un caset que se puede borrar y luego grabar nuevos pensamientos positivos. *(Filipenses 4:8) "Por lo demás, hermanos, todo lo que es verdadero, todo lo honesto, todo lo justo, todo lo puro, todo lo amable, todo lo que es de buen nombre;*

*si hay virtud alguna, si algo digno de alabanza, en esto pensad".*

## II. TUS PALABRAS TE DERRIBAN O TE LEVANTAN

A. La biblia nos habla del hablar y pensar positivamente: *(Proverbios18:21) "La muerte y la vida están en poder de la lengua, Y el que la ama comerá de sus frutos".* Háblese así mismo de una forma positiva. *(2Corintios 4:8) "Que estamos atribulados en todo, mas no angustiados; en apuros, mas no desesperados; perseguidos, mas no desamparados; derribados, pero no destruidos".* **¿Como podemos hace esto? Declarando la verdad bíblica.**

   1. ¿Qué, estoy solo? No lo estoy porque Jesús dijo: *"Estaré con vosotros todos los días hasta el fin del mundo". (Mateo 28:20).*
   2. ¿Qué, nadie me quiere? *"Mas Dios muestra su amor para con vosotros en que siendo aun pecadores Cristo murió por nosotros". (Romanos 5:8).*
   3. Que me siento perseguido y si ayuda. *"El ángel de Jehová acampa alrededor de los que le temen y los defiende". (Salmos 34:7).*

B. Háblese así mismo con pensamientos positivos.

   1. ¿Por qué decir que no puedo? si la Biblia dice Todo lo puedo? *(Filipenses 4:13).*

   2. ¿Por qué afligirme por mis necesidades, sí sé que Dios suplirá todas mis necesidades conforme a sus riquezas en gloria en Cristo Jesús? *(Filipenses 4:19).*

   3. ¿Por qué temer si la Biblia dice que Dios no me dado espíritu de temor sino de poder y dominio propio? *(2 Timoteo 1:7).*

**ACTÍVATE**

4. ¿Por qué debilitarme si la Biblia dice que el Señor es la fortaleza de mi vida? *(Salmos 27:1).*

5. ¿Por qué dejar que Satanás controle mi vida, si Aquel que está en mí, es más poderoso que aquel que está en el mundo? (*1 Juan 4:4*).

6. ¿Por qué aceptar la derrota si la Biblia dice que Dios siempre me lleva en victoria? (*2 Corintios 2:14*).

7. ¿Por qué vivir estresado si puedo depositar todas mis ansiedades en Cristo Jesús que se preocupa por mí? (*1 Pedro 5:7*).

8. ¿Por qué sentirme condenado si la Biblia dice que ninguna condenación hay para los que están en Cristo Jesús? (*Romanos 8: l*).

9. ¿Por qué sentirme solo si Jesús dijo que nunca me dejará ni me abandonará? *(Hebreos 11:5).*

10. ¿Por qué sentirme fracasado si en todas las cosas somos más que vencedores? (*Romanos 8:37*).

La depresión no consiste en tu problema o en que nadie te comprende. Sino en lo que piensas y te dices a ti mismo. Con su forma de hablar uno solo se sepulta.

### III. PIENSA Y HABLA POSITIVAMENTE

A. En lugar de soy un fracaso no valgo nada. Si es cierto, fracasó mi matrimonio, Pero Dios aun me ama. Recuerde la forma como hablo Josué y Caleb. (*Números 14:9*).

1. Usted puede decir: Estoy solo, estoy sin compañía, pero no me siento solo.

2. Estoy separado y eso duele, pero a pesar del dolor puedo vivir.

B. El poder de las palabras. (*Marcos 11:22-23*) *"Respondiendo Jesús, les dijo: Tened fe en Dios. Porque de cierto os digo que cualquiera que dijere a este monte: Quítate y échate en el mar, y no dudare en su corazón, sino creyere que será hecho lo que dice, lo que diga le será hecho. (Proverbios 18:21) "Muerte y vida están en poder de la lengua, y los que la aman comerán su fruto".*

1. ¿Qué pasará si dices no tengo esperanza y soy un fracasado?
2. ¿Qué pasa si dices creo que me voy a morir?
3. ¿Qué pasa si dices el camino de Dios es difícil y nadie puede llevar las cosas bien? Toda esta forma de pensar te hundirá.

C. Job un día reconoció que su forma de pensar había traído ruina y desgracia a su vida. *Porque el temor que me espantaba me ha venido, Y me ha acontecido lo que yo temía. (Job.3:25).*

## CONCLUSIÓN

Los pensamientos son subestimados enormemente. De hecho, tienen un gran poder sobre nuestros sentimientos, nuestra salud y nuestras acciones. Nuestros pensamientos afectan la forma en que percibimos, evaluamos y respondemos a las cosas que nos rodean. Dios puede renovarle su mente. Al renovar la mente se cosechan resultados gloriosos y positivos. Salga de su lugar de confort y pida a Dios que le ayude a renovar su corazón, su mente, su matrimonio.

## ACTÍVATE

# PROMOVIENDO NUEVOS LIDERES

*Proverbios 3:5-6*

**Introducción:** Aquí vemos la importancia de depender de Dios en todo lo que hacemos como líderes. Es fundamental reconocer que nuestra sabiduría y capacidades son limitadas, pero que Dios tiene el control y nos guiará si confiamos en Él. Los líderes positivos reconocen y valoran las fortalezas individuales de sus colaboradores, fomentando un ambiente de respeto y colaboración. En lugar de utilizar un enfoque autoritario, el buen **liderazgo** se caracteriza por la empatía, la confianza y la motivación.

## ACTÍVATE

### I. ELIGE EN ORACIÓN A LA PERSONA QUE SERÁ EL NUEVO LÍDER

A. *(Hechos 1:24)* Estamos persuadidos de que una de las claves principales, aunque podría ser la principal, en el éxito de la expansión del evangelio está en saber elegir, formar y saber promover nuevos líderes. Así como es de importante este principio, así es trabajoso, pero eso sí, satisfactorio.

B. La promoción es un proceso de formación de liderazgo. En la práctica, en el caso de nuestra iglesia, el proceso conlleva las siguientes acciones: *Elegir, Capacitar, Involucrar, Ministrar, Entrevistar y Empoderar.*

C. Las observaciones espirituales de los líderes para elegir al sucesor: Consultar y obedece a Dios: *(Números 27:15-18)*. Me impresiona como Moisés dependió de Dios; otro no hubiese consultado a Dios, hubiese dado por sentado que era Josué, ya que por 40 años le había servido.

D. En la estructura de grupos pequeños desde el pastor hasta el líder debe desarrollar el discernimiento espiritual para saber elegir a su sucesor; por lo que tiene que buscar específicamente a Dios a través de oración y el ayuno. Dedicamos un ayuno para escoger quien será el sucesor o para pedir confirmación si es el tiempo de entregar al sucesor un cargo de más autoridad.

### II. LO QUE DEBO HACER PARA ESCOGER UN SUCESOR

A. **Discernir el corazón del nuevo líder.** *(1 Juan 4:1)* Todos sabemos que el corazón es engañoso más que todas las cosas, pero debemos pedir al Espíritu

Santo que nos ayude a conocer las intenciones del sucesor, así como Dios dirigió al profeta Samuel para elegir a David como el sucesor de Saúl. *(1 Samuel 16:7-13).*

B. **Observa su carácter:** En el contexto de grupos pequeños una de las cualidades fundamentales del líder potencial debe ser el carácter. Jetro aconseja a Moisés que elija líderes de carácter integro. *"Además escoge tú de entre todo el pueblo varones de virtud, temerosos de Dios, varones de verdad, que aborrezcan la avaricia* (Éxodo 18:21). En el liderazgo celular, el líder, se convierte en el padre espiritual, el padre espiritual lo es a toda hora y a todo tiempo estando dispuesto a ayudar a sus ovejas y además a desafiarlos a tener metas de crecimiento.

C. **Observa la capacidad:** Moisés al final de su liderazgo, recordó al pueblo de Israel las altas cualidades de los primeros líderes que había elegido. *"Dadme de entre vosotros, de vuestras tribus, varones SABIOS Y ENTENDIDOS Y EXPERTOS, para que yo los ponga por vuestros jefes" Y me respondisteis y dijisteis: bueno es hacer lo que has dicho".* (Deuteronomio 1:13-14, 1Timoteo 3:7).

D. **Observa la química:** Es importante que el sucesor o el nuevo líder tenga química con su autoridad y con el resto del grupo para el desarrollo de su liderazgo efectivo. Es muy importante que el pastor y el líder observen en el sucesor si hay esa similitud con él y con el equipo al cual tomará. Josué y Moisés tenían "química". Por cuarenta años Josué sirvió con amor y respeto a Moisés.

## ACTÍVATE

### III. CAPACITA AL LÍDER SELECCIONADO

A. Introduce al futuro líder en la Escuela de Capacitación. El mínimo indicio de potencial de liderazgo en una persona, es suficiente para introducirlo en un proceso de aprendizaje. Todo aspirante al liderazgo de grupos pequeños debe cursar por los niveles de escuela de capacitación sin excepción.

### IV. INVOLUCRA AL SUCESOR GRADUALMENTE EN FUNCIONES DE LIDERAZGO

A. Como el proceso de formación prácticamente dura meses, en nuestro caso, desde que se elige al futuro líder, hasta cuando se multiplicará el grupo, hay suficiente tiempo para gradualmente delegar la enseñanza en el grupo pequeño, así como conducir la planificación.

B. El líder o el pastor determinarán una fecha al mes para que todos los futuros líderes prediquen en su respectivo grupo, esto permitirá que la supervisión sea dirigida para evaluar el potencial de comunicación de los futuros lideres. Las dos acciones importan: *Predicar en la reunión familiar y Conducir la reunión de planificación.*

C. Una de las mejores formas de dar poder y confianza al nuevo líder delante del grupo, es que predique y conduzca la reunión en presencia de su autoridad inmediata. La razón es sencilla, los miembros perciben que el líder confía en su sucesor.

  1. Algunos delegan los privilegios cuando están ausentes por enfermedad, viaje; pero me parece que no es el mejor método para formar al discípulo.

  2. Las veces que más empoderado me sentí, aunque

nervioso, fue cuando mi pastor me delegó prédicas y él estuvo sentando enfrente.

## CONCLUSIÓN

El **autoconocimiento** y la **conexión espiritual** son fundamentales en el liderazgo, ya que permiten a los líderes mantenerse centrados y conectados con su visión y propósito. En conclusión, el liderazgo **espiritual** es una habilidad fundamental que los **líderes** deben desarrollar en el ámbito cristiano. Ya que el cultivo de la **conexión** con los demás puede generar un impacto **transformador** en las personas y en cual quiera de las organizaciones.

## ACTÍVATE

# CÓMO ADMINISTRAR LOS GRUPOS CELULARES

**Introducción:** El trabajo básico del grupo celular es procurar que todos sus integrantes lleguen a la estatura de la plenitud de Cristo a través de las reuniones, para que puedan experimentar la gracia de Dios. Debemos establecer objetivos claros, según estos objetivos son: adoración, palabra, evangelización, oración, sanidad, y comunión. Es importante establecer el sistema celular y es necesario que las responsabilidades se cumplan. El grupo celular debe ser un lugar donde se traten temas de la vida cotidiana a la luz de la voluntad de Dios revelada en su palabra.

## ACTÍVATE

### 1) Adoración en espíritu y en verdad

La adoración se expresa a través de la alabanza, y acción de gracias y la consagración. La adoración es el lugar donde experimentamos un encuentro personal con Dios. La adoración es un termómetro para medir la profundidad de nuestra fe.

El hombre ha sido creado para adorar y alabar a Dios. Debemos llenar nuestra vida diaria con alabanza y adoración. Uno de los propósitos de las reuniones celulares debe ser la adoración. La reunión celular debe ser un lugar de adoración. Un grupo sin adoración es como una comida sin sal.

Es en la adoración donde examinamos en nuestros corazones, el amor de Dios. Dios es espíritu, y el que adora en espíritu y en verdad es necesario que lo adore. Se debe ensenar con mucho tacto esto a los nuevos asistentes (recordemos que vendrán de diferentes religiones y costumbres). Las canciones deben ser escogidas con mucho tacto y que traigan un mensaje de esperanza.

### 2) Comunique la Santa Palabra

El líder anuncia el mensaje de la Palabra de Dios para alimentar el espíritu de los congregantes en la reunión.

Es vital que el líder se vista con la armadura de la Palabra de Dios, porque si no, podemos caer en doctrinas erróneas. En especial, es fundamental enseñar al nuevo sobre el significado de la cruz. También debemos ayudar a los cristianos que pasan por tiempos de dificultad, enseñarles cómo superar la adversidad y vivir una vida victoriosa para la gloria del Señor. El grupo celular debe ser un lugar de comunión, y abundancia en la Palabra de Dios.

No debemos permitir que alguien se guíe por sueños, visiones y profecías teniendo un vago conocimiento de la Palabra de Dios. Todo don debe estar bajo la autoridad de la Palabra. La Biblia, la Palabra de Dios para todo.

Tampoco no debemos permitir opiniones de personas que no conocen la visión del pastor porque aprendieron en otros lugares o iglesias que asistieron. Si tienen buenas ideas deben hacerlas conocer primero al Pastor principal y serán evaluadas por Él y sus colaboradores y si se decide aplicarlas se aplicarán y si no, no.

### 3) Ore con fervor y convicción

Dios es espíritu, y es a través de un acto espiritual que podemos tener comunión con Él. Un individuo o una iglesia sin oración no podrán dar fruto.

La oración es un canal por donde podemos mantener una relación con Dios y hacerle llegar nuestras peticiones. En las reuniones celulares es fundamental la oración fervorosa. Una de las ministraciones del grupo celular, es solucionar los problemas de su grupo y **experimentar el poder de su presencia por medio de la oración intensa.** Jesús prometió que donde dos o tres se reúnan en su Nombre, ahí estaría Él en medio de ellos.

El espíritu Santo manifiesta su poder y en una reunión celular la oración es como una vitamina espiritual. Es a través de la oración que podemos tener un encuentro personal con Dios, pues no hay mejor servicio que la oración.

## ACTÍVATE

### 4) Ore especialmente para su sanidad

Los discípulos de Jesús siguieron los pasos del Maestro, y siempre que ministraban la Palabra, nunca se olvidaban de orar por los enfermos. El espíritu Santo se manifiesta a través de la sanidad. Hoy es importante ministrar la sanidad en nuestras reuniones celulares. Toda persona padece de alguna enfermedad, sea grande o pequeña, espiritual o física. Jesús ministró sanidad a sus discípulos y les mandó que lo hicieran cuando predicaran el evangelio. Por lo tanto, el poder de sanidad debe manifestarse en nuestros grupos a través de la oración. **Mateo 10:7-8 dice:** *"Y yendo, predicad, diciendo:* El *reino de los cielos se ha ace rcado. Sanad enfermos, limpiad leprosos, resucitad muertos,* echad *fuera* demonios; *de gracia* recibisteis, dad de gracia".* **Dios no solo le dio al líder la misión de proclamar el evangelio, sino también el don para sanar a los enfermos y les ordenó que lo hagan.**

***Lucas 10:8-9** "En cualquier ciudad donde entréis, y os reciban, comed loque os pongan delante; y sanad a los enfermos que en ella hay, y decidles: Se ha acercado a vosotros el reino de Dios".* Notemos aquí que la sanidad está ligada al evangelismo. Y la sanidad no es descrita como algo opcional, sino como una orden.

Romanos 15, vemos como Pablo predicó la palabra con potencia de señales y prodigios en el poder del Espíritu de Dios.

Los lideres nunca deben olvidar de orar por los enfermos. Cabe recordar que no todos los enfermos serán sanados. De todos modos, debemos predicar la palabra a los enfermos para que sean sanados. La reunión celular debe ser un centro de sanidad.

***Marcos 16:17*** dice: *"En mi nombre echarán fuera demonios; hablaran nuevas lenguas; tomaran en las manos serpientes, y si bebieren cosa mortífera, no les hará daño; sobre los enfermos pondrán sus manos, y sanarán"*.

***Mateo 8:17-18*** dice: *"El mismo tomó nuestras enfermedades, y llevó nuestras dolencias.*

**En conclusión, la sanidad es el propósito y la orden de Dios**.

Es recomendable estudiar de memoria estos versículos y confesarlos en oración para que el poder sanador de Dios se manifieste. También es necesario enseñar estas palabras al enfermo, para que ore por su sanidad y se afirme en la palabra.

***Lucas 10:17-19*** *"Volvieron los setenta con gozo, diciendo: Señor; aún los demonios se nos sujetan en tu nombre. Y les dijo: Yo veía a Satanás caer del cielo como un rayo. He aquí os doy potestad de hollar serpientes y escorpiones, y sobre toda fuerza del enemigo, y nada os dañará "*.

Asimismo, Jesús otorgó a los setenta (y a nosotros hoy) la potestad de hollar serpientes y escorpiones (demonios) cuando les encomendó la obra.

Recuerde: *"La fe viene por el oír, y el oír la Palabra de Dios"*.

**5) Brinde una comunión de amor**

Debe apartar un tiempo para tener comunión con los nuevos integrantes, y contarles testimonios. La reunión celular es el lugar donde deben brindarse el amor. Nunca deben hablarse palabras ociosas, o palabras que dañen a pastores y líderes.

No debemos permitir conversaciones descuidadas o malas en el grupo celular, sino palabras santas que

**ACTÍVATE**

glorifiquen a Dios.

Tampoco debemos permitir que se realicen compras y ventas, préstamos de dinero con intereses y firmas en contratos de garantías. Solo debemos permitir actos de santidad, de amor y de servicio. La reunión celular no es una reunión de negocios, sino una reunión que glorifica a Dios. Aun así, hay ocasiones en que se infiltran cosas que producen caos dentro del grupo celular. De ningún modo debemos permitirlo. La reunión debe ser una reunión que sirva solo a Dios y que trate de Él y su obra.

## 6) Evangelice con vitalidad

La evangelización es nuestra gran comisión y el mejor método para multiplicar. Debemos procurar que siempre haya alguna persona nueva dentro del grupo celular. El no creyente generalmente se siente más cómodo entre sus amigos vecinos.

Tenemos que asegurarnos de traer la mayor cantidad de gente nueva o cristianos inactivos a nuestros grupos celulares, y tener con ellos una comunión total, así como también salir a evangelizar e invitar con tarjetas o tratados que tengan la fecha, el horario, la dirección y un número de teléfono para información.

Otra de las tareas de los grupos celulares es visitar a los enfermos, a los pobres y a los necesitados, e invitarlos a las reuniones celulares y guiarlos a los pies del Señor. La evangelización de poder extiende el Reino de los cielos por medio de la multiplicación.

# CAP. 44

# QUÉ NECESITAMOS PARA MULTIPLICAR

*Hechos 6:7*

**Introducción:** Cuántos se acuerdan cuando comenzaron a estudiar en la escuela, tal vez de 5 años empezaron a aprender a sumar 1+1= 2 / 2+2=4 etc. Pero a los 7 no nos quedamos allí y si nos quedábamos nos daban con la regla en la mano ¿Se acuerda? Teníamos que pasar de la suma a la resta y a la multiplicación después, y si no, no pasábamos el año. Bueno yo creo que el Maestro no quería que reprobáramos el año, Él quería que pasáramos al próximo nivel.

## ACTÍVATE

Yo pienso que a muchas iglesias se les está pasando el tiempo de pasar al próximo nivel, es tiempo de pasar de la suma a la multiplicación, es tiempo de madurar, de crecer, de no estancarnos porque lo que se estanca huele mal y se muere.

## I. DE AÑADIR A MULTIPLICAR

A. En *(Hechos 2:47)* la iglesia añadía, y cada día los que había de ser salvos, necesitamos pasar al capítulo 6 y 12 donde ya no añadían si no que se multiplicaban (*como Israel en Egipto*).

   1. ¿Por qué multiplicaban? porque habían crecido en su relación con Dios y estaban dispuestos a servir y llevar la palabra donde fuera y como fuera, sin carro, sin bus, sin tren, a pie, en camello y en barco, pero con una pasión, con un deseo, con un agradecimiento.

   2. A ellos no les importaba tanto el templo o dónde iban a meter la gente, ellos iban al templo a orar, y la palabra era llevada de casa en casa, compartiendo el pan y las oraciones.

B. Necesitamos padres y madres de familia que digan aquí está mi casa, yo voy a invitar a mis familiares, amigos y vecinos que vengan a compartir la palabra de Dios en mi hogar; así como Cornelio lo hizo. *(Hechos 10:24) "Al otro día entró en Cesárea. Cornelio los estaba esperando y había reunido a sus parientes y amigos íntimos.*

C. **¿A qué se debía este crecimiento?** Porque a todos ellos no les importaba su agenda personal, si no que la obra de Dios se llevara a cabo, estaban en una misma mente, en un mismo sentir, una misma visión de alcanzar al mundo para Cristo.

1. Los apóstoles eran perseguidos, azotados, encarcelados, pero ellos gozosos seguían, por esto la obra crecía, y se multiplicaba grandemente.

## II. NO ESPERE EN LOS GOLPES DE SUERTE

A. *(Romanos 12:10) "En lo que requiere diligencia, no perezosos; fervientes en espíritu, sirviendo al Señor".* Trabajemos con diligencia. Estoy convencido que Dios les da el privilegio a todas las iglesias para que crezcan, pero Él está esperando que el pueblo accione y deje de creer en los golpes de suerte. *(Proverbios 6:6-11) "Ve a la hormiga, oh perezoso, Mira sus caminos, y sé sabio; La cual, no teniendo capitán, Ni gobernador, ni señor, Prepara en el verano su comida, Y recoge en el tiempo de la siega su mantenimiento. Perezoso, ¿hasta cuándo has de dormir? ¿Cuándo te levantarás de tu sueño? Un poco de sueño, un poco de dormitar, Y cruzar por un poco las manos para reposo; Así vendrá tu necesidad como caminante, Y tu pobreza como hombre armado (Proverbios 14:23) "En toda labor hay fruto; Mas las vanas palabras de los labios empobrecen".*

B. ¿Cuándo llega el crecimiento a la iglesia?

1. Cuando uno abre su hogar para un grupo, sin importar si tengo talento o no, simplemente porque estoy agradecido y tengo corazón dispuesto para servir al Señor.

2. Cuando a uno no lo tienen que buscar para ayudar en algo, si no que uno mismo mira la necesidad.

3. Cuando el trabajar para el Señor no es una carga, si no una bendición.

## ACTÍVATE

C. ¿Cuál es el mejor entrenamiento de un siervo de Dios? El mejor entrenamiento es el campo, las calles, la casa, allí es donde se conocen las necesidades de las personas. Haciendo actividades, preparando la casa, dando transporte a mis hermanos, orando y apoyando al necesitado.

1. En el campo se conocen las necesidades, allí es donde se ora, allí veremos milagros más que en el templo. Por ello el Señor les decía a sus discípulos ballan por los campos... *(Mateo 22:9).*

2. Usted no va a esperar hasta llegar al templo para orar por ellos, ellos van a ser sanos antes de llegar al templo; los presos van a ser liberados, matrimonios van a ser restaurados. Porque los siervos de Dios han despertado a su llamado.

### III. FUIMOS LLAMADOS A MULTIPLICAR

A. La iglesia fue creada para crecer y ni las puertas del hades prevalecerán contra ella, el enemigo la ha tratado de detener por siglos, pero hoy está más grande y fuerte que nunca.

B. En este lugar hay hombres y mujeres con un potencial increíble si se dejan usar por el Señor, si ponen a Dios primero, Dios concederá las peticiones de sus corazones. Yo sé que hay que estudiar y es bueno y necesario, necesitamos abogados, doctores, contadores, ingenieros, arquitectos, dentistas, etc. Si trabajamos para Dios, el Señor nos va a dar lo que necesitamos y la obra se multiplicará.

C. Cuando nos pongamos a su disposición, sin excusas entonces veremos venir almas de todas culturas, lenguas, naciones, porque cuando se trabaja, Dios multiplicará su iglesia, su grupo pequeño y su ministerio.

1. Así fue en los tiempos de la iglesia primitiva, había gente de toda lengua y de toda raza. Creo que, al organizar grupos pequeños en nuestra iglesia, vamos a bautizar gente que nunca habíamos imaginado. (*Isaías 55:5*) *"He aquí, llamarás a gente que no conociste, y gentes que no te conocieron correrán a ti, por causa de Jehová tu Dios, y del Santo de Israel que te ha honrado".*

## CONCLUSIÓN

La iglesia primitiva crecía y se multiplicaba de una forma natural, y si nosotros no lo estamos experimentando, necesitamos decirle al Señor nos muestre qué debemos hacer. Si tenemos que cambiar nuestra forma para alcanzar a los perdidos hay que hacerlo. Nuestra pasión, necesita ser como la que hubo en Cristo Jesús. (*Filipenses 2:5*) *"Haya, pues, en vosotros este sentir que hubo también en Cristo Jesús".*

A veces pensamos que es por el barrio donde vivimos, pero esas son solo excusas porque todas almas necesitan de Dios. (*Juan 4:35-36*) *"No decís vosotros: ¿Aún faltan cuatro meses para que llegue la siega? He aquí os digo: Alzad vuestros ojos y mirad los campos, porque ya están blancos para la siega. Y el que siega recibe salario, y recoge fruto para vida eterna, para que el que siembra goce juntamente con el que siega.*

Vamos a multiplicar, vamos a trabajar, y Dios lo va a recompensar. Yo no quiero ser siervo inútil. Él le dará el talento para multiplicar, Él le va a decir un día: *bien buen siervo y fiel en lo poco me fuiste fiel en lo mucho te pondré, entra en el gozo de tu Señor.* (Mateo 25:23).

**ACTÍVATE**

# CAP. 45

# EL FACTOR PARA UNA MULTIPLICACION EXITOSA

*Proverbios 14:23*

**Introducción:** El liderazgo celular exitoso está en la voluntad de Dios. En un análisis estadístico se descubrió que, el éxito en la multiplicación celular no tenía nada que ver con el género, la clase social, la edad, su estado civil, su educación o el tipo de personalidad del líder. Los factores importantes, más bien son:

**ACTÍVATE**

1. (El tiempo que pasamos orando por los miembros de la célula).
2. (La fijación de metas).
3. (El contacto con los que han asistido al grupo).
4. (Los eventos sociales fuera de la célula).

## I. TRABAJE MUCHO

A. Los líderes celulares que pagaron el precio diario por los miembros de sus células, pudieron multiplicar su grupo mucho más rápidamente que los que no lo hicieron.

B. Un estudio indica que los líderes que están dispuestos a trabajar y «hacer lo mejor que pueden»- multiplican sus células. Como las Escrituras nos enseñan. *(Proverbios 13:4)* «El perezoso desea y nada alcanza, más los diligentes serán prosperados».

C. La Biblia nos enseña mucho sobre la diligencia. *(Romanos 12:11) "En lo que requiere diligencia, no perezosos; fervientes en espíritu, sirviendo al Señor"; (Efesios 5:15-16) "Mirad, pues, con diligencia cómo andéis, no como necios sino como sabios, "aprovechando bien el tiempo, porque los días son malos". (2 Pedro 1:5-9) vosotros también, poniendo toda diligencia por esto mismo, añadid a vuestra fe virtud; a la virtud, conocimiento; al conocimiento, dominio propio; al dominio propio, paciencia; a la paciencia, piedad; a la piedad, afecto fraternal; y al afecto fraternal, amor. Porque si estas cosas están en vosotros, y abundan, no os dejarán estar ociosos ni sin fruto en cuanto al conocimiento de nuestro Señor Jesucristo. Pero el que no tiene estas cosas tiene la vista muy corta; es ciego, habiendo olvidado la purificación de sus antiguos pecados.*

D. La diligencia es lo opuesto a la pereza. La mayoría conocemos (*2 Timoteo 2:15*): «*Procura con diligencia presentarte a Dios aprobado, como obrero que no tiene de qué avergonzarse*». Activo, trabajador, esforzado, animoso. Dios pide de Su pueblo lo mejor. Juan Wesley. Es un ejemplo perfecto de esta diligencia.

   1. Desde la edad de 36 años viajó 225,000 millas a caballo.
   2. Predicó más de 40.000 sermones - ¡un promedio de 3 por día!
   3. Dejó tras una iglesia de 100.000 miembros y 10.000 grupos celulares.

E. Thomas Edison fue *diligente*. Él demostró esto en su vida. Fracasó muchísimas veces antes de inventar el bombillo eléctrico. ¿Está usted dispuesto a seguir a pesar de los fracasos en su vida? El fundador de Honda, Soichiro Honda, dijo: Muchas personas sueñan con el éxito. Para mí el éxito sólo se podrá lograr a través de repetidos fracasos.

F. Los líderes celulares exitosos no le temen al fracaso. Siguen intentando y finalmente encuentran la química correcta. ¿Está usted dispuesto a esforzarse un poco más para la gloria de Dios?

## II. DISCIPLINAS QUE PODEMOS PRACTICAR

A. Establezca Metas específicas. Algunas personas dicen: «Si es la voluntad de Dios mi célula se multiplicará». Me gusta decirles: «Si, es la voluntad de Dios que su célula multiplique. Ahora, determine una fecha concreta para esa multiplicación».

## ACTÍVATE

B. Dios quiere algo más que compañerismo. Es necesario que el grupo tenga un propósito específico. Un experto, hizo la siguiente observación: «Los mejores lideres siempre tienen un curso planificado, metas específicas escritas. Ellos sabían la dirección hacia dónde querían ir».

   1. David Cho dijo: «Muchas personas me criticaron porque yo establecí metas para los lideres. Pero si no se les da una meta, ellos no tendrán ningún propósito de estar en la célula».' Luego continúa diciendo: «Muchas iglesias están fallando en su sistema celular porque no les dan una meta clara a sus grupos ni se les recuerda constantemente su meta.

C. La multiplicación no es algo que sucede naturalmente. En realidad, a menudo sucede al revés. La tendencia de los grupos celulares es encerrarse.

   1. La fijación de una meta ayudará a su grupo para no sólo disfrutar de su tiempo junto, sino también a trabajar hacia la meta de alcanzar.

### III. HABLE CONSTANTEMENTE DE LA MULTIPLICACIÓN CELULAR.

A. Líder celular, usted necesita plantar en su grupo celular desde el mismo comienzo el código de la multiplicación celular. Hable sobre este objetivo en cada reunión del grupo celular y pronto su gente entenderá el propósito de la célula.

   1. Las iglesias celulares más prominentes han establecido este código dentro de sus grupos celulares. Todas las células saben que nacen para multiplicar.

B. Póngase en contacto con los que están en su grupo. Los líderes que continuamente establecían una relación personal con las personas que formaban su grupo, eran más eficaces en la multiplicación de su grupo celular, que los que simplemente esperaban que todos «aparezcan el día de la reunión».

1. Es posible que en ocasiones usted no sienta ganas de llamar o visitar a ese miembro, pero usted debe obligarse a hacerlo, aunque no tengan ganas de hacerlo. Una visita personal en la casa de alguien o para un café es lo más efectivo. Sin embargo, por lo menos usted podría llamar a las personas para preguntarles cómo están.

2. Un líder puede llamar el lunes o martes de tarde por teléfono. La pregunta «Si tiene alguna petición de oración y también le recuerda del día de la reunión del grupo celular.

C. Cierre preguntando quién invitará a un Amigo. Anime a los que están en la célula a invitar a sus amigos. Un líder celular que estimula a los miembros para que inviten a otras personas, duplican su capacidad de multiplicar el grupo a diferencia de esos lideres que solamente despiden su grupo sin mencionarlo.

D. Las células empiezan con un tiempo de compañerismo, luego la oración de inicio, después un rompe-hielo, y a continuación una o dos alabanzas, acompañado de uno o dos testimonios cortos, y enseguida la lección. Después de la lección, ore haciendo un llamado al arrepentimiento y orando por las necesidades de los presentes. Concluya la reunión presentando la visión de su grupo para la próxima semana.

## ACTÍVATE

1. Una cosa que me agrada preguntarles ¿A quiénes pensamos invitar para la siguiente reunión? «Miguel, ¿a quién quieres invitar para la semana que viene?». «¿Mi primo? ¡Oh, qué bien! Cuánto me alegro.» Oremos para que tu primo responda favorablemente a tu invitación.

2. Luego pídale a la persona que está al lado de Miguel a compartir a quién piensa invitar a la siguiente reunión celular. De esta manera, usted se mantendrá concentrado en la evangelización.

E. Tenga Reuniones Informales. Los grupos eficaces desarrollan vínculos fuertes. A menudo estos fuertes vínculos los conducen a pasar más tiempo juntos fuera de la reunión celular. Debe estimular esto como un líder e incluso planificar este tipo de encuentros.

1. Un pastor testificó, Juan es uno de mis líderes más eficaces. Nunca intento planificar una reunión con Juan un sábado por la mañana; Juan se reúne continuamente con los de su célula en encuentros informales. No es de extrañar que multiplique su célula continuamente una y otra vez. Tan sólo este año, piensa multiplicar su grupo celular cinco veces.

2. Un gran líder no es porque esté burbujeante de entusiasmo. No, es porque está dispuesto a hacer esas llamadas telefónicas que otros se niegan a hacer. La visita a su grupo, fija las metas para el grupo, planifica reuniones informales y, sobre todo, permanece en un íntimo contacto con Jesucristo todos los días.

## CONCLUSIÓN

Jesucristo está buscando disposición. Él es Todopoderoso, y puede proporcionar lo que le falta. "Él ha escogido lo necio de este mundo para confundir a los sabios -lo débil de este mundo para avergonzar a los fuertes (1 Corintios 1:27). Jesús quiere usarlo si está dispuesto a decirle: «Aquí estoy, Señor, úsame».

**ACTÍVATE**

# 46 CAP.

# EL MINISTERIO DE LA SILLA

*1Samuel 1:9-14*

**Introducción:** ¿Qué nos enseña la Biblia con respecto al sacerdote Elí? Elí fue un hombre con credenciales de sacerdote, al cual no debemos imitar. Elí empezó bien, pero terminó siendo de mal ejemplo para cualquier ministro o cualquier líder. Elí fue muy perezoso en su vida espiritual y por esto recibió un juicio terrible.

### ACTÍVATE

## I. SERVIR A DIOS ES UN GRAN PRIVILEGIO

A. *(Salmos 100:2)* Servir a Dios es un privilegio que no tuvieron muchos miles, por eso cuando va a su grupo o cuando viene a la casa de Dios para servir. Recuerde las palabras de *(Proverbios 24:10)*.

B. **Servir a** Dios **es una bendición: «*Sirve al Señor con alegría; ven ante él con disposición y cánticos jubilosos»*** *(Salmo 100:2)* nos muestra la bendición que es poder servir a Dios con gozo y gratitud.

C. Una vida activa no causa enfermedad; aguas corrientes no matan la gente. Las energías que no utilizamos se vuelven en veneno tóxico para nosotros mismos, del mismo modo que aquellas aguas del pantano egoísta se convierten en charca pestilente. Para tener músculos de piedra se necesita ponerles peso a las básculas.

## II. LA DESGRACIA LLEGA AL HOMBRE DE LA SILLA

A. En la silla descuidó la presencia de Dios y luego llegaron las malas noticias. Las malas noticias pueden llegar al dejar de hacer la obra de Dios. Algunas personas saben que algo está mal, pero no hacen nada por remediar el mal.

B. En la silla, Elí perdió su sensibilidad hacia el sufrimiento, veía el sufrimiento de Ana y no la entendió, ni la consoló, pero sí la criticó y reprendió juzgándola equivocada y ligeramente. (*1 Samuel 1:13*) *"Pero Ana hablaba en su corazón, y solamente se movían sus labios, y su voz no se oía; y Elí la tuvo por ebria".*

C. El cristiano sentado no discierne, no entiende a los que sufren, no comparte el dolor de los demás.

El cristiano que vive sentado se dedica a criticar y a juzgar. Tuvo más sensibilidad el niño Samuel que el sacerdote Elí. (*1 Samuel 3:4*) *"Jehová llamó a Samuel; y él respondió: Heme aquí"*.

D. Mientras el arca de Dios permaneció en el campamento, el enemigo estaba derrotado. Pero a causa del descuido espiritual, sentado en la silla Elí, perdió el arca, **símbolo de la presencia de Dios**. ¿Quiere usted la unción y el poder de Dios en su vida? Entonces levántese como lo hizo el hijo pródigo. (*Lucas 15:18*).

1. *(1 Samuel 1:9) "Y se levantó Ana después que hubo comido y bebido en Silo; y mientras el sacerdote Elí estaba sentado en una silla junto a un pilar del templo de Jehová.*

2. *(1 Samuel 4:13) "y cuando llegó, he aquí que Elí estaba sentado en una silla vigilando junto al camino, porque su corazón estaba temblando por causa del arca de Dios".*

3. *(1 Samuel 4:18) "Y aconteció que cuando él hizo mención del arca de Dios, Elí cayó hacia atrás de la silla al lado de la puerta, y se desnucó y murió; porque era hombre viejo y pesado. Y había juzgado a Israel cuarenta años.*

E. Cuando el cristiano se levanta de su silla y se pone en acción, sentirá la vida, el entusiasmo, el fuego y la pasión de Dios.

**ACTÍVATE**

1. *(Isaías 60:1-2) Levántate, resplandece; porque ha venido tu luz, y la gloria de Jehová ha nacido sobre ti. Porque he aquí que tinieblas cubrirán la tierra, y oscuridad las naciones; más sobre ti amanecerá Jehová, y sobre ti será vista su gloria.*

2. *(Apocalipsis 2:4-5) Pero tengo contra ti, que has dejado tu primer amor. Recuerda, por tanto, de dónde has caído, y arrepiéntete, y haz las primeras obras; pues si no, vendré pronto a ti, y quitaré tu candelero de su lugar, si no te hubieres arrepentido.*

F. Todos hemos pasado por momentos de frialdad, pero que hoy esté frio no quiere decir que deba quedarme frio. Le aseguro que, si se quiere quedar así, la poca luz que hay en su vida será apagada como le sucedió al sacerdote Elí.

### III. LA SILLA Y EL ENVEJECIMIENTO

A. El ministerio de silla lleva a la gordura, al desánimo, y a la frialdad. El peso del desánimo nos hace acomodar a una vida sin frutos. En la silla se pierden las fuerzas, el vigor, el entusiasmo y el ánimo. (*1 Samuel 4:18*) "*Y aconteció que cuando él hizo mención del arca de Dios, Elí cayó hacia atrás de la silla al lado de la puerta, y se desnucó y murió; porque era hombre viejo y pesado. Y había juzgado a Israel cuarenta años.*

B. Los peligros de la silla a la luz de la biblia.

1. Sentado en la silla juzgó mal. "*Ana está orando con dolor y Eli la juzgó equivocadamente*". (*1Samuel 1:14*).

2. Sentado en la silla perdió la sensibilidad espiritual.

3. Sentado en la silla se apagó la lámpara. *(1Samuel 3:1)*.

4. Sentado en la silla descuidó la oración.

5. Cuando Israel estaba en la batalla, Elí no intercedió. En esa guerra murieron 30,000 soldados. *(1Samuel 4:10)*.

6. Sentado en la silla perdió la presencia de Dios.

7. Sentado en la silla perdió su ministerio.

8. Sentado en la silla perdió el arca. *(1Samuel 4:17)*.

9. Sentado en la silla se volvió un hombre pesado.

10. Sentado en la silla sus hijos se descarriaron. *(1Samuel 2:12)*.

11. Sentado en la silla sus 2 hijos murieron. *(1Samuel 4:17)*.

12. Sentado en la silla cayó hacia atrás y se desnucó. *(1Samuel 4:12-13)*.

C. Si el Señor nos bendice y consuela, es para que seamos de bendición a otros. *(2Corintios 1:4)* *"El cual nos consuela en todas nuestras tribulaciones, PARA QUE PODAMOS también nosotros consolar a los que están en cualquier tribulación, por medio de la consolación con que nosotros somos consolados por Dios.*

1. Si el diablo le ofrece el ministerio de la silla por favor no lo acepte, porque la mayoría que aceptaron este ministerio regresaron al mundo.

## ACTÍVATE

2. Entre los utensilios del tabernáculo jamás encontramos una silla. No sabemos de dónde diablos sacó una silla este sacerdote. Esto nos quiere decir algo.

3. David nos podría testificar del día que dijo: voy a tomar unas vacaciones, un descanso. Cuando se quedó supuestamente descansando llegó Satanás a visitarle y este fue el descanso más doloroso de su vida. (*1Samuel 11*).

## CONCLUSIÓN

El ministerio de la silla no terminó con Elí. Desde entonces otros han tomado su silla. Si usted está en esa silla, levántese y conviértase en una lámpara de Dios. Si usted ha pensado en abandonar su ministerio y sentarse en la silla, debería de pensarlo antes de tomar una decisión tan drástica. Yo creo que es un privilegio ser llamado para ministrar en la presencia de Dios. Además, sentados en la silla seríamos de mal ejemplo para nuestros hijos, nuestro conyugue, para nuestra iglesia y para todos los que nos rodean.

# LA IMPORTANCIA DE UN COMPROMISO

*Josué 1:16–18*

**Introducción:** "El compromiso es lo que transforma una promesa en realidad, es la acción que habla más alto que las palabras, es hacer el tiempo cuando no lo hay, es cumplir con lo prometido cuando las circunstancias se ponen adversas, es el triunfo diario de la integridad sobre el de la desconfianza". *"Comprometerse y mantener los compromisos, son la esencia de la verdadera personalidad"*.

## ACTÍVATE

### I. OBEDIENCIA LA RESPUESTA DEL COMPROMETIDO

A. La lectura de *(Josué 4:13)* nos informa que, unos 40.000 hombres de las tribus de Rubén, Gad y Manasés fueron llamados a las filas del ejército. La respuesta de todos los "guerreros valientes" ilustra lo que debe ser la respuesta de quienes están comprometidos con la causa del Señor. Esta fue una respuesta de obediencia, fe, e intolerancia del pecado.

B. La obediencia de estos soldados fue notoria en los verbos que usaron en su respuesta:

1. "Nosotros haremos todas las cosas que nos has mandado".

2. "Iremos a dondequiera que nos envíes".

3. "Obedeceremos a ti de la manera que obedecimos a Moisés".

C. *"Sólo que Jehová tu Dios esté contigo" (Josué 1:16,17)*. La expresión: Sólo que Jehová tu Dios esté contigo, es porque ellos sabían que si el Señor no estaba presente con ellos no había victoria que cantar. Ellos estaban seguros que el Señor podía hacer maravillas con una persona fiel y consagrada como Josué. Sabían que el Señor había obrado con mano poderosa en los tiempos de Moisés.

### II. COMPROMETIDOS A NO TOLERAR EL PECADO

A. *(Josué 1:18) "Cualquiera que sea rebelde ... y que no obedezca ... en todo que muera".* La medida hacia los rebeldes y desobedientes era severa.
Ellos sabían que no se puede cumplir con el Señor y teniendo compañerismo con los que no desean obedecer.

B. La "tolerancia" hacia las prácticas pecaminosas es la vía rápida hacia el fracaso de una familia, de una iglesia, de la sociedad y de toda la nación. No es posible que una persona sea desobediente a la Palabra de Dios, y los demás aplaudamos su mala conducta.

## III. ELLOS SE COMPROMETEN A APOYAR Y ALENTAR A SU LÍDER

A. *"¡Solamente esfuérzate y sé valiente!"* Es interesante que, esta expresión se encuentra repetida cuatro veces en este primer capítulo *(ver los versículos de Josué 1: 6, 7, 9 y 18).* Aquí aprendemos cuando menos dos conceptos:

   1. Los que están comprometidos con la tarea del Señor, no permiten que los desobedientes los desanimen. Hay que recordar que el compromiso está hecho con el Señor.

   2. Los que están comprometidos con el Señor, deben buscar animar, apoyar y expresar lealtad a sus dirigentes. Recordemos que, quienes dirigen la obra del Señor son seres humanos y por lo tanto pueden necesitar escuchar de vez en cuando palabras de aliento: *"¡Solamente esfuérzate y sé valiente!"*.

B. La respuesta de los que están comprometidos con el Señor debe ser la obediencia, e intolerancia del pecado. Todos hemos de dar una respuesta que demuestre nuestro compromiso y lealtad al Señor.

## ACTÍVATE

C. La disposición de las tribus, demostraron la autoridad que reconocían de su nuevo líder Josué (*Josué 1:16*) La frase "*Acordaos de lo que os mandó Moisés ...*" (*Josue1: 13a*) Josué no pretende borrar de la memoria del pueblo el nombre de Moisés, sino que por el contrario reafirma acerca de él que era "*siervo de Jehová*" (*Josué 1:13b*).

D. Esta actitud es digna de aplausos. La disposición de los líderes era una demostración de obediencia a Dios y un compromiso para preservar la unidad del pueblo.

  1. La respuesta de los líderes denota un reconocimiento de la autoridad que Josué estaba ejercitando.

E. La expresión: "*Sólo que Jehovah tu Dios esté contigo, como estuvo con Moisés*" (*Josué 1:17b*) tampoco implicaba que estuvieran exigiendo alguna demostración o evidencia que les permita comprobar que en verdad Josué era el líder a quien debían obedecer.

  1. La respuesta de ellos expresa más bien un deseo de que Jehová esté acompañando a Josué como lo estuvo con Moisés.

  2. En este período se destaca la unidad que las tribus tenían en Jehová, el Dios que los salvó de todos los peligros; y ahora, para estos hombres la obediencia que tuvieron a Moisés debe continuar con Josué (*Josué 1: 18a*).

F. Es el compromiso que asumimos ante Dios el que pone en movimiento los mecanismos de la transformación, sea a nivel personal o laboral.

La iniciativa y la acción efectiva llega de una actitud de profundo compromiso con algo que se quiere lograr.

## CONCLUSIÓN

El compromiso genera acción, acción de sí mismo. Quiero recordarle que cuando se le pide a la gente comprometerse, se les está ofreciendo algo de gran valor. Las personas que anhelan darle sentido a sus vidas necesitan comprometerse. Jesús le pide a sus seguidores compromiso (*Lucas 9:23*) *"Y decía a todos: Si alguno quiere venir en pos de mí, niéguese a sí mismo, tome su cruz cada día, y sígame".*

"El compromiso requiere un esfuerzo leal en nombre de los valores elegidos. Dios está esperándonos para que asúmanos un compromiso serio con Él. ven a los pies de Jesucristo el día de hoy y comprométete a servirle y luego en respuesta él concederá las peticiones de tu corazón.

**ACTÍVATE**

# 6 PRINCIPIOS PARA CIMENTAR EL LIDERAZGO CRISTIANO

**Introducción:** El liderazgo es un aspecto importante. Ya sea en el lugar de trabajo, en el hogar o en la iglesia; Dios confía a Sus hijos diversas responsabilidades de liderazgo para cumplir con sus propósitos Eternos.

Sin embargo, no hay dos líderes cristianos que compartan la misma influencia. Con ese fin, aquí busco hablar de seis principios bíblicos esenciales para ayudar a dar forma y enfoque a su liderazgo como cristiano.

## ACTÍVATE

### I. PERSIGUE LA GLORIA DE DIOS.

A. A diferencia del liderazgo secular, la obra cristiana es medida en la eterna evaluación venidera de Jesús *(Colosenses 3:23) "Y todo lo que hagáis, hacedlo de corazón, como para el Señor y no para los hombres"; (Mateo 25:21). "Y su señor le dijo:* **Bien, buen siervo y fiel***; sobre poco has sido fiel, sobre mucho te pondré; entra en el gozo de tu señor".*

1. El éxito en el liderazgo cristiano no se trata de ganancias financieras o logros mundanos. El objetivo principal del líder cristiano es glorificar a Dios al guiar a otras personas a parecerse más a Cristo (*Colosenses 1:28-29*).

B. Perseguir la gloria de Dios enfoca al líder hacia la eternidad, y este enfoque impacta el presente. Esto permite a los líderes soportar las dificultades del liderazgo sin perder la motivación ni la esperanza.

C. Dios, cuyo señorío es soberano y absoluto, nos guía a desempeñar nuestro liderazgo con integridad desde la perspectiva de Su gobierno eterno. Según Pablo, *«la obra de cada uno el fuego la probará» (1 Corintios 3:13).*

### II. PRIORIZA LA SANTIDAD PERSONAL

A. En el paradigma del liderazgo espiritual, la santidad es primaria *(1 Timoteo 4:12)*. A menos que te mantengas conectado de Jesús, no podrás guiar a otros en Cristo de manera efectiva *(Juan 15:4-5)*. Por ejemplo, casi a diario, las noticias descubren el fracaso moral y ético de algún líder religioso. La mayoría de estos líderes caídos afirmaban públicamente la importancia de la santidad personal, pero su caída pública reveló su fracaso en el ámbito privado.

B. Esos casos deben motivarnos a tener un temor sano y a reconocer que todos somos vulnerables. ¡Ninguno de nosotros es inmune, por ello no descuide la santidad personal! La caída ocurre de forma gradual y lenta. Por lo tanto, haz de la santidad tu enfoque. Mata los deseos de la carne *(Colosenses 3:5),* sé sobrio, transforma tu mente, ora en todo tiempo y protege tu pureza *(salmo 24:3-5; Salmos 119:11).*

C. Permite que la intimidad con Cristo, y el conocimiento de su palabra den forma a cada aspecto de tu servicio. Para mantenerte en estos objetivos, asegúrate de congregarte regularmente con otros creyentes en la adoración. *(Hechos 10:25).*

### III. ABRAZA EL LIDERAZGO DE SERVICIO

A. Muy a menudo, el prestigio, la autoridad, respeto y poder seduce el corazón de los líderes. En tales casos, el resultado es un líder que abusa de los seguidores de Cristo. Consciente de esta tendencia humana, Jesús invierte el liderazgo tradicional y llama a Sus discípulos a imitar Su ejemplo de servicio *(Mateo 20:25-28).*

B. Los líderes cristianos comparten un propósito común: imitar a Cristo, al poner las necesidades de los demás antes que sus propias necesidades *(Filipenses 2:3-4).* El liderazgo bíblico abraza la servidumbre, a diferencia del liderazgo común en el mundo para lograr un propósito superior. *(Colosenses 3:23-24).*

C. Los líderes espirituales desean servir voluntariamente con humildad y gracia, y proporcionar un modelo de liderazgo como el de Cristo, digno de imitar por otros *(1 Pedro 5:2-3; 1Corintios 11:1).*

## IV. CULTIVA EL BIENESTAR FÍSICO

A. ¿Irías con un dentista que tiene mala dentadura? Probablemente no, pues parece obvio que no practica lo que profesa. De manera similar, muchos líderes cristianos socavan su liderazgo al no practicar lo que predican *(1 Corintios 9:27).* Somos responsables de vivir lo que enseñamos.

B. Aunque las Escrituras no ordenan explícitamente el entrenamiento físico, no niegan su provecho terrenal *(1 Timoteo 4:6-8).* Los líderes deben cuidar su salud física para poder llevar a cabo de manera efectiva sus responsabilidades. Esto es, un equilibrio adecuado de disciplina espiritual y disciplina física, glorifica a Dios, promueve una productividad eficiente y brinda más credibilidad a la forma en que compartimos nuestro mensaje verbal. *(1 Corintios 10:31).*

## V. DESARROLLA MÁS LÍDERES.

A. La Escritura enfatiza la multiplicación del liderazgo como un principio central bíblico *(2 Timoteo 2:2).* Dios multiplica la influencia de Cristo a través de discípulos que buscan formar más discípulos *(Mateo 28:18-20).* El desarrollo de liderazgo permite a los líderes aumentar Su alcance de influencia por extensión.

B. Por ejemplo, aproximadamente, Pablo desarrolló a treinta y ocho personas para que fueran sus compañeros de trabajo. Sigue el ejemplo de Pablo: desarrolla líderes con los que puedas rendir cuentas y mantener relaciones constructivas, para recibir aliento.

### VI. ADMINISTRA TU TIEMPO.

A. Por último, la aplicación adecuada de los principios anteriores dependerá, en parte, de una organización del tiempo. El tiempo es un recurso universal para todas las personas. No importa cuál sea el alcance de su influencia, cada líder administra una cantidad igual de tiempo diario *(Colosenses 4:5-6; Efesios 5:15-17)*. Sin embargo, una diferencia importante entre los líderes excepcionales es su buen uso del tiempo *(2 Timoteo 4:1-2)*.

B. Evalúa las próximas tareas pendientes y toma decisiones firmes para asumir la responsabilidad de aquellas que solo tú puedes y debes completar. Delega o retrasa las que quedan *(Hechos 6:1-7)*. Pasa tiempo con tu familia. ¡Ningún rol de liderazgo es más importante que este!

## CONCLUSIÓN

Por último, ¡descansa! El exceso de trabajo no es una virtud para admirar, sino un vicio que revela nuestro orgullo. Estos principios bíblicos generales nos ayudan a establecer una filosofía sana de liderazgo útil para todo cristiano en todo ámbito donde Dios lo haya puesto. Los propósitos eternos de Dios se cumplen a través de Su pueblo que vive a la luz de Su Palabra.

# ACTÍVATE

# CAP. 49

# EL MANDAMIENTO DE SER BAUTIZADOS

*Marcos 16:15-18*

**Introducción:** ¿Por qué debemos ser bautizados? Hay ciertos principios y ordenanzas que debemos aprender y obedecer. En este pasaje Jesús nos dejó su ordenanza. Los dos primeros mandamientos son el arrepentimiento y el bautismo. Antes de tener cualquier ministerio es el arrepentimiento y el bautismo. Este fue el primer mensaje de Juan en *(Mateo 3)*. El primer mensaje de Jesús después de la resurrección y el primer mensaje de la iglesia primitiva.

ACTÍVATE

## I. BAUTISMO PARA LA REMISIÓN DE NUESTROS PECADOS

A. Por medio de la fe en Jesucristo y el bautismo, somos lavados y perdonados.

1. Juan predicaba el bautismo de arrepentimiento" *(Marcos 1:4) "Bautizaba Juan en el desierto, y predicaba el bautismo de arrepentimiento para perdón de pecados".*
2. Pedro predicó: *"Arrepentíos, y bautícese"* ... *(Hechos 2:38).*
3. Ananías predicó a Pablo: "... *"Levántate y bautízate y lava tus pecados invocando su nombre" (Hechos 22:16).*

B. El bautismo es una muestra de obediencia. Jesucristo no tenía pecado, pero aun así se bautizó. *(Mateo 3:15) "Jesús le respondió: Hazlo así porque debemos cumplir con lo que Dios manda".* Juan estuvo de acuerdo.

C. El bautismo nos da entrada al reino celestial. Jesús declaró: *"El que creyere y fuere bautizado, será salvo; (Marcos 16:16).* El bautismo es la puerta por la cual entramos a la senda que conduce al reino celestial.

## II. LA MANERA CORRECTA DEL BAUTISMO

A. ¿Cuál es la manera correcta de ser bautizados?

1. Por sumersión. El bautismo ilustra la muerte y la resurrección del creyente. *"¿O no sabéis que todos los que hemos sido bautizados en Cristo Jesús, hemos sido bautizados en Su muerte? Porque somos sepultados juntamente con Él para muerte por el bautismo, a fin de que como Cristo*

*resucitó de los muertos por la gloria del Padre, así también nosotros andemos en vida nueva "Porque si fuimos plantados juntamente con él en la semejanza de su muerte, así también lo seremos en la de su resurrección"." (Romanos 6:3-5).* La sumersión en agua, representa el morir, el salir del agua representa resurrección.

- El bautismo es un acto de obediencia, y un testimonio público de la fe en Cristo.
- El bautismo es dejar nuestra vieja vida y comenzar una vida nueva. *(2 Corintios 5:17).*

2. El bautismo se aplica a una edad responsable. El bautismo por rociamiento es una práctica antibíblica. Algunas iglesias bautizan los niños pequeños, pero esta práctica no está en la biblia. Cuando Jesús habló de los niños pequeños en *(Mateo 19:14)* dijo: *"...de los tales es el reino de los cielos".* El bautismo es para perdón de pecados y un niño no ha cometido ningún pecado.

- *(Hechos 22:16) "Ahora, pues, ¿por qué te detienes? Levántate y bautízate, y lava tus pecados, invocando su nombre".*

- *Mateo 3:5-6) "Y salía a él Jerusalén, y toda Judea, y toda la provincia de alrededor del Jordán, 6 y eran bautizados por él en el Jordán, confesando sus pecados.*

- *(Juan 3:22-23) "Después de esto, vino Jesús con sus discípulos a la tierra de Judea, y estuvo allí con ellos, y bautizaba. 23 Juan bautizaba también en Enón, junto a Salim, porque había allí muchas aguas; y venían, y eran bautizados.*

**ACTÍVATE**

　　Los niños pequeños no son capaces de pecar, ellos no saben discernir entre el bien y el mal. Con excepción de los niños todas las demás personas deben ser bautizadas.

B. La fe y el arrepentimiento son pasos que nos preparan para el bautismo. El bautismo es un compromiso, un pacto con el Señor. Pablo no pensó dos veces e inmediatamente lo hizo. "¿Qué le impide hoy ser bautizado en el nombre del Señor Jesús?".

- Con el bautismo pasamos a ser parte del rebaño de Dios.

- Pasamos a ser testigos de Dios en todo lugar.

- Pasamos a ser servidores de Dios, luego el Señor derramará sobre nosotros Su Espíritu con abundancia, para ser levantados en la primera resurrección para vida eterna.

## III. EL BAUTISMO ES UN NUEVO COMIENZO

A. Jesús dijo que a menos que naciéramos de nuevo de agua y del Espíritu, no podríamos entrar en el reino de Dios *(Juan 3:3–5)* Así como nacimos en este mundo llegando a ser seres vivientes, de igual manera tenemos que nacer de nuevo del agua y del Espíritu para ser almas vivientes.

B. Con el bautismo comienza una vida nueva: *(Romanos 6:4).* *"Porque somos sepultados juntamente con él para muerte por el bautismo, a fin de que como Cristo resucitó de los muertos por la gloria del Padre, así también nosotros andemos en vida nueva"*
Una de las grandes bendiciones del bautismo es que es el comienzo hacia la vida eterna.

C. ¿Quiénes pueden ser bautizados de nuevo? Si te bautizaron de niño lo puedes hacer, si te bautizaron de adulto, pero no te invocaron el nombre de Jesús, lo puedes hacer de nuevo. Hay algunas denominaciones que no invocan el nombre de Jesús a sus bautizados, y es necesario que tu bautismo lleve ese nombre que es sobre todo nombre. *(Hechos 19:3-5) Entonces dijo: ¿En qué, pues, fuisteis bautizados? Ellos dijeron: En el bautismo de Juan. Dijo Pablo: Juan bautizó con bautismo de arrepentimiento, diciendo al pueblo que creyesen en aquel que vendría después de él, esto es, en Jesús el Cristo. Cuando oyeron esto, fueron bautizados en el nombre del Señor Jesús.*

## IV. TODOS LOS QUE CREYERON EN CRISTO FUERON BAUTIZADOS

A. A continuación, miraremos una lista de todos los pasajes que hablan del bautismo en el libro de Los Hechos.

1. *Carcelero de Filipos. (Hechos 16:29-34).*
2. *Saulo de Tarso. (Hechos 9:17-18).*
3. *El eunuco etíope. (Hechos 8:36-39).*
4. *Lidia de Tiatira. (Hechos 16:13-15).*
5. *Los corintios. (Hechos 18:8).*

## V. EL BAUTISMO DEBE SER ADMINISTRADO EN EL NOMBRE DE JESÚS.

1. Los 3000 judíos fueron bautizados en el nombre de Jesús. *(Hechos 2:38) "Pedro les dijo: Arrepentíos, y bautícese cada uno de vosotros en el nombre de Jesucristo para perdón de los pecados; y recibiréis el don del Espíritu Santo.*

## ACTÍVATE

2. **Los samaritanos bautizados en el nombre de Jesús.** *(Hechos 8:14-16)* *"Cuando los apóstoles que estaban en Jerusalén oyeron que Samaria había recibido la palabra de Dios, enviaron allá a Pedro y a Juan; **15** los cuales, habiendo venido, oraron por ellos para que recibiesen el Espíritu Santo; **16** porque aún no había descendido sobre ninguno de ellos, sino que solamente habían sido bautizados en el nombre de Jesús.*

3. **Los gentiles, bautizados en el nombre de Jesús.** *(Hechos 10:47-48)* *"Entonces respondió Pedro: ¿Puede acaso alguno impedir el agua, para que no sean bautizados estos que han recibido el Espíritu Santo también como nosotros? **48** Y mandó bautizarles en el nombre del Señor Jesús. Entonces le rogaron que se quedase por algunos días.*

4. **Los efesios, bautizados en el nombre de Jesús.** *(Hechos 19:3-7)* *"Entonces dijo: ¿En qué, pues, fuisteis bautizados? Ellos dijeron: En el bautismo de Juan. **4** Dijo Pablo: Juan bautizó con bautismo de arrepentimiento, diciendo al pueblo que creyesen en aquel que vendría después de él, esto es, en Jesús el Cristo. **5** Cuando oyeron esto, fueron bautizados en el nombre del Señor Jesús. **6** Y habiéndoles impuesto Pablo las manos, vino sobre ellos el Espíritu Santo; y hablaban en lenguas, profetizaban. **7** Eran por todos unos doce hombres.*

5. **Saulo de tarso, bautizado en el nombre de Jesús.** *(Hechos 22:16)* *"Ahora, pues, ¿por qué te detienes? Levántate y bautízate, y lava tus pecados, invocando su nombre.*

- *(Hechos 4:12)* "Porque no hay otro nombre dado a los hombres por el cual debemos ser salvos".
- *(Hechos 2:21)* "**Y todo aquel** que **invocare** el nombre del Señor, será salvo".
- *(Juan 2:12-15)* "Os escribo a vosotros, hijitos, porque vuestros pecados os han sido perdonados por su nombre".
- *(Hechos 22:16)* "Ahora, pues, ¿por qué te detienes? Levántate y bautízate, y lava tus pecados, invocando su nombre".

## CONCLUSIÓN

Si usted es un creyente o no es creyente, sin el nombre de Jesús en su bautismo, está desnudo. *(Gálatas 3:27)*. Su fin es el Cielo, no se quede a la mitad del camino o cerca de la puerta. Tome la decisión hoy de invocar Su nombre

*(1Juan 2:12)* "Os escribo a vosotros, hijitos, porque vuestros pecados os han sido perdonados por su nombre".

## ACTÍVATE

# JESÚS, DIOS MANIFESTADO EN CARNE

**Introducción:** Jesús es Dios manifestado en carne. Él no es mitad Dios y mitad hombre. Él es completamente divino y completamente humano. Esto quiere decir que Jesús tiene dos naturalezas: divina y humana. Jesús es la Palabra (verbo) que era Dios y estaba con Dios y que fue hecho carne. (*Juan 1:1-14*). Esto significa que en la persona de Jesús existen una naturaleza humana y una naturaleza divina.

La naturaleza divina no fue cambiada, no fue alterada. Él no es meramente un hombre quien "tenía a Dios adentro", ni un hombre quién manifestaba "el principio de Dios". Él es Dios.

## ACTÍVATE

*"El Hijo es el resplandor de su gloria, y la imagen misma de su sustancia, y quien sustenta todas las cosas con la palabra de su poder" (Hebreos 1:3).*

### I. ¿QUÉ DICE LA BIBLIA ACERCA DE LA DEIDAD DE JESÚS?

A. La biblia enseña que los atributos divinos como humano son atribuidos a Jesús. *(Juan 14:8-9) "Felipe le dijo: Señor, muéstranos el Padre, y nos basta. Jesús le dijo: ¿Tanto tiempo hace que estoy con vosotros, y no me has conocido, Felipe? El que me ha visto a mí, ha visto al Padre; ¿cómo, pues, dices tú: ¿Muéstranos el Padre?*

B. Echemos una breve mirada a unos cuantos, de los muchos pasajes, que responden esa pregunta directamente desde las páginas de las Escrituras. Comenzaremos retrocediendo unos 700 años, antes de la venida de Cristo, en el libro de Isaías.

C. Profecías predichas en el Antiguo Testamento. *(Isaías 7:14)* "Por tanto, el Señor mismo os dará señal: He aquí que la virgen concebirá, y dará a luz un hijo, y llamará su nombre Emanuel." "Emanuel" literalmente significa: "Dios con nosotros." Vea también *(Mateo 1:21-23); "Y dará a luz un hijo, y llamarás su nombre JESÚS, porque él salvará a su pueblo de sus pecados. Todo esto aconteció para que se cumpliese lo dicho por el Señor por medio del profeta, cuando dijo: He aquí, una virgen concebirá y dará a luz un hijo, Y llamarás su nombre Emanuel, que traducido es: Dios con nosotros.*

D. Jesús fue "Dios con nosotros." Este Emanuel nacería como un hijo humano, pero tenía una naturaleza más alta *(Isaías 9:6) "Porque un niño nos es nacido, hijo nos es dado, y el principado sobre su hombro. Y se llamará su nombre Admirable, Consejero, Dios fuerte, Padre eterno, Príncipe de paz."* Esta es una profecía que Dios cumplió siglos más tarde en Jesucristo.

E. Afirmación de Jesús acerca de Sí mismo. *(Juan 8:58-59) "'Jesús respondió: De cierto, de cierto os digo: 'Antes que Abraham fuese, ¡yo soy!' Tomaron entonces piedras para arrojárselas; pero Jesús se escondió y salió del templo; y atravesando por en medio de ellos, se fue."* Esta es una doble afirmación de parte de Jesús: Primero, que Él preexistió antes de su nacimiento humano y realmente estuvo (como Dios) antes de Abraham. Sus oyentes entendieron el punto, ¡y tomaron piedras para ejecutarlo!

## II. AFIRMACIÓN DE DEIDAD DE PARTE DE JESÚS

A. Es difícil negar que el Nuevo Testamento está lleno de referencias acerca de la divinidad de Jesús. Desde los cuatro evangelios, pasando por el libro de los Hechos de los apóstoles y las epístolas paulinas, Jesús no solo fue visto como el Mesías. Sino que también como Dios mismo. El apóstol Pablo se refiere a la divinidad de Cristo cuando llama a Jesús "Nuestro gran Dios y Salvador. *(Tito 2:13).*

B. Jesús como el Creador de Todo *(Juan 1:3-10; Colosenses 1:16-17).* Aunque estas menciones directas son suficientes para demostrar que la Biblia afirma que Jesús es Divino, podría resultar más poderoso un enfoque más directo. Por ejemplo:

1. *(Juan 10:30-33) "Yo y el Padre uno somos.' Entonces los judíos volvieron a tomar piedras para apedrearle, Jesús les respondió: 'Muchas buenas obras os he mostrado de mi Padre.*

**ACTÍVATE**

¿Por cuál de ellas me apedreáis?' 'Por buena obra no te apedreamos,' le respondieron los judíos, 'sino por la blasfemia; porque tú, siendo hombre, te haces Dios".

## III. LA RESPUESTA DE TOMÁS AL JESÚS RESUCITADO.

1. (Juan 20:27-29) "Luego dijo a Tomás: 'Pon aquí tu dedo, y mira mis manos. Y acerca tu mano, y métela en mi costado. Y no seas incrédulo, sino creyente.' Entonces, Tomás respondió y le dijo: '¡Señor mío, y Dios mío!' Jesús le dijo: 'Porque me has visto, Tomás, creíste; bienaventurados los que no vieron, y creyeron.'"

2. (Juan 14:7-10) "Si me hubierais conocido, también hubierais conocido a mi Padre; desde ahora le conocéis y le habéis visto. Felipe le dijo: Señor, muéstranos al Padre, y nos basta. Jesús le dijo: ¿Tanto tiempo he estado con vosotros, y {todavía} no me conoces, Felipe? El que me ha visto a mí, ha visto al Padre; ¿cómo dices tú: ``Muéstranos al Padre"?

3. (Juan 1:1) "En el principio existía el Verbo, y el Verbo estaba con Dios, y el Verbo era Dios (v.10) En el mundo estaba, y el mundo por él fue hecho; pero el mundo no le conoció.

4. (Romanos 9:5) "de quienes son los patriarcas, y de los cuales, según la carne, vino Cristo, el cual es Dios sobre todas las cosas, bendito por los siglos. Amén".

5. (Colosenses 1:15) "Él es la imagen del Dios invisible, el primogénito de toda creación".

6. *(Apocalipsis 19:13-16) "Estaba vestido de una ropa teñida en sangre; y su nombre es: EL VERBO DE DIOS. Y en su manto y en su muslo tiene un nombre escrito: REY DE REYES Y SEÑOR DE SEÑORES.*

7. *(Filipenses 2:5-7) "Haya, pues, en vosotros este sentir que hubo también en Cristo Jesús,6 el cual, siendo en forma de Dios, no estimó el ser igual a Dios como cosa a que aferrarse,7 sino que se despojó a sí mismo, tomando forma de siervo, hecho semejante a los hombres.*

8. *(1 Juan 5:20) "Pero sabemos que el Hijo de Dios ha venido, y nos ha dado entendimiento para conocer al que es verdadero; y estamos en el verdadero, en su Hijo Jesucristo. Este es el verdadero Dios, y la vida eterna.*

9. Si desea añadir otras porciones más a su estudio tome nota. *(Isaías 43:10-11, Juan 1:1-14, Juan 10:30-33, Oseas 13:4, Isaías 43:11, Hechos 4:12).*

## CONCLUSIÓN

Con todas estas a irmaciones apostolicas, debemos tener muy claro la Deidad de Jesucristo *(Apocalipsis 1:17-18)* que lo describe como *"el primero y el último, y que vive por los siglos de los siglos"*. Además, se incluyen las citas de Pablo afirmando que Jesús es Dios desde la eternidad y un día regresará por su pueblo *(Romanos 9:5), y Tito. 2:13).*

**ACTÍVATE**

# LA LEY DE ATRACCIÓN

*Mateo 12:37*

**Introducción: Qué es la Ley de la Atracción y Cómo Practicarla.** Esta ley nos permitirá mejorar nuestra vida. Por medio de este mensaje revelaré cómo recibimos lo que hablamos y creemos. Esta ley explica" como nuestros pensamientos y sentimientos atraen energía hacia nosotros. Si nuestros pensamientos son negativos, atraemos cosas negativas. Si nuestros sentimientos son positivos, atraemos cosas positivas.

## ACTÍVATE

## I. LA ENERGÍA DE NUESTROS PENSAMIENTOS

A. Nuestra mente desempeña un papel fundamental en nuestra realidad. ¿Se ha preguntado alguna vez, cómo un pensamiento puede afectar a su estado de ánimo durante todo el día? ¿Se ha preguntado, por qué un recuerdo puede evocar un *torbellino de emociones*?

B. La idea de que los pensamientos son energía no es un concepto de la nueva era, sino que está profundamente arraigada tanto en las prácticas antiguas como en la ciencia moderna.

C. La creencia que el hombre se convierte en lo que piensa, no es algo nuevo, sino que, es un principio básico que establece la biblia desde hace siglos. Lo que somos hoy proviene de nuestros pensamientos del ayer, y nuestros pensamientos actuales construyen la vida del mañana.

D. El concepto que somos lo que pensamos, se estableció desde tiempos de Salomón: *(Proverbios 23:7).*

E. El materialismo nos aleja de Dios. Si usted quiere pedir prosperidad y riquezas, tenga cuidado porque el materialismo le alejara de su creador. Por ello si tiene sustento y abrigo ya puede vivir contento.

   1. *(Salmos 73:3) "Porque tuve envidia de los soberbios, Viendo la prosperidad de los malvados".* La amargura no existía antes.

   2. *(1Timoteo 6:9-11) "Porque los que quieren enriquecerse caen en tentación y lazo, y en muchas codicias necias y dañosas, que hunden a los hombres en destrucción y perdición; porque raíz de todos los males es el amor al dinero, el cual codiciando algunos, se extraviaron de la fe, y fueron traspasados de muchos dolores.*

F. Si has pedido, y no has obtenido, quizás has pedido mal. Dios no va a complacer tus malos deseos y motivos. Él no tiene problemas con que le pidas por un negocio; Lo que no puedes es pedir incorrectamente; *(I Juan 5:14) "Si pedimos alguna cosa conforme a su voluntad, él nos oye".*

## II. FOMENTA PENSAMIENTOS POSITIVOS

A. Es importante que todos los lideres piensen positivamente. Me interesa cómo piensa la iglesia en general o cómo piensan mis hijos.

   1. Todos debemos actuar en fe y mirar las cosas que aún no son como si ya fuesen.

   2. Debemos pensar y actuar como campeones.

   3. Si estás enfermo visualízate sano.

   4. Ve tu grupo con los ojos de la fe en crecientes.

   5. Mira tú matrimonio bendecido, nunca digas me tocó lo peor… Mirar lo que no es como si ya fuese. Si tiene una imagen negativa de sí mismo espere lo peor.

B. Vamos a ver lo que significa la ley de atracción. En primer lugar:

   1. Si piensas en cosas buenas para tu vida, estas vendrán a ti; si piensas y piensas lo negativo, también vendrá a ti.

   2. ¿Cómo explica la Biblia este asunto? *(Job.3:2) "Lo que más temía, me sobrevino; lo que más me asustaba, me sucedió.*

   3. Por ello la Biblia nos ordena pensar de forma positiva. *"Por lo demás, hermanos, todo lo que es verdadero, todo lo honesto, todo lo justo,*

*todo lo puro, todo lo amable, todo lo que es de buen nombre; si hay virtud alguna, si alguna alabanza,* **en esto pensad**.*" (Filipenses 4:8).*

4. En lo que pensamos nos convertimos. En uno o cinco años tú serás lo que piensas ahora. Es de suma importancia saber elegir tus amigos y tus pensamientos.

C. ¿Por qué debemos pensar de forma positiva? Escuchemos qué dice la biblia: *"Porque cuál es su pensamiento en su alma,* **tal es él**.*" (Proverbios 23:7).* Mas claro no puede estar. Somos lo que pensamos.

## III. PONIENDO ATENCIÓN A NUESTRA FORMA DE PENSAR

A. Si el pensamiento es tan importante, deberíamos prestar más atención a nuestra forma de pensar. Pensamos y pensamos y la mayoría de las veces no estamos poniendo atención a lo que pensamos.

1. ¿Cómo sabemos lo que pensamos continuamente? Según hablamos, así pensamos: *(Lucas 6:45).* **"Porque de la abundancia del corazón habla su boca"**. *(Mateo 15:18-20)* *"Pero lo que sale de la boca,* **del corazón sale; y esto contamina al hombre**. *"Porque del corazón salen* **los malos pensamientos***, los homicidios, los adulterios, las fornicaciones, los hurtos, los falsos testimonios, las blasfemias. "Estas cosas son las que contaminan al hombre.*

B. Las palabras tienen poder. Es importante controlar nuestra boca, porque palabras dirigen nuestra vida:

1. Las palabras tienen un poder que no podemos negar.

2. Cada pensamiento es una semilla que luego germina.

C. Los frutos serán de acuerdo con lo que hablamos y pensamos. La Biblia nos muestra que nuestros pensamientos son semillas que tarde o temprano cosecharemos.

1. No puedes sembrar maíz y recibir tomates.

2. No podemos desear algo en específico y hablar lo contrario. La vida solo te dará los frutos de lo que piensas y hablas.

3. ¿Acaso podremos recibir cosas buenas, mientras que nuestro corazón habla y piensa lo contrario? La respuesta es No. (Galatas 6:7).

## CONCLUSIÓN

La ley de atracción no está en contra de la Biblia y de igual manera trabaja para los que creen, como para los no creen. De manera que, ten mucho cuidado con lo que deseas. Dios tiene un plan soberano y perfecto para nosotros. La clave es entender y conocer Su voluntad. En vez de buscar la riqueza, la fama, el poder y el placer (en los que no hay sino un vacío), debemos buscar una relación con Dios, para que él ponga sus deseos perfectos en nuestro corazón y nuestra mente.

*"Deléitate asimismo en el Señor, y él te concederá las peticiones de tu corazón. Encomienda al Señor tu camino, y confía en él; y él hará. Exhibirá tu justicia como la luz, y tu derecho como el mediodía" (Salmo 37:4-6).*

## ACTÍVATE

# LA COMUNICACIÓN EFICAZ

*Efesios 4:29-32*

**Introducción:** ¿Alguna vez le han herido las palabras de un amigo o colega? ¿Cómo se sintió? ¿De qué manera cambió su relación con esa persona? Es probable que cada uno de nosotros haya sido herido por las palabras de otros. Como resultado, pueden levantarse barreras entre las personas y la comunicación puede volverse menos eficaz.

## ACTÍVATE

### I. DISTINTAS MANERAS DE COMPARTIR INFORMACIÓN.

**A. Consideremos cómo podemos utilizar las palabras más cuidadosamente.** Cuando tratamos de mirar a través de una ventana de cristal sucia, a menudo vemos solamente lo sucio y no el panorama. Cuando las personas están enojadas o descontentas, a menudo comunican estas emociones por medio de sus palabras.

**B.** ¡Algunas personas dicen que es más importante utilizar nuestros oídos que utilizar nuestras bocas! *(Proverbios 18:13)* dice, *"Es necio y vergonzoso responder antes de escuchar".*

**C.** Escuchar es importante. Se pudieran evitar muchos desacuerdos y mucho dolor si las personas escucharan atentamente. Escuchar es una acción intencionada. Tenemos que decidir escuchar. Cuando no logramos escuchar, comunicamos a la otra persona que no nos importan sus pensamientos ni ideas.

**D.** De la manera en que nos entrenamos para ser buenos en un deporte, debemos practicar la buena comunicación para tener relaciones positivas y eficaces. Este es un desafío de toda la vida. Debemos monitorear nuestro propio avance y pedir ayuda a otras personas que puedan darnos respuestas honestas.

### II. APRENDIENDO CÓMO DIOS SE COMUNICA.

**A.** La principal forma de comunicación con Dios es a

través de Su Palabra *(Romanos 10:17)* Dios habla a todos los creyentes a través de la Biblia y por medio de Su Espíritu Santo que es todo lo que necesitamos para prepararnos para la vida cristiana. *(2 Timoteo 3:16-17). (Juan 14:26).*

B. Para entender completamente la forma en que Dios se comunica con nosotros, es necesario que seamos diligentes para leer, estudiar, memorizar y meditar en Su Palabra.

1. Intentar evitar este proceso, buscando revelaciones extrabíblicas o "escuchando" la voz de Dios audible, no sólo es antibíblico, sino que nos expone al engaño de nuestra propia naturaleza caída *(Jeremías 17:9; Proverbios 3:5)* o, peor aún, al engaño de los demonios que siempre están tratando de infiltrarse en nuestras mentes y pensamientos *(1 Pedro 5:8)*.

C. El objetivo de la comunicación del Espíritu Santo con nosotros es, antes que nada, convencernos del pecado *(Juan 16:7-11),* y luego guiarnos a toda la verdad *(Juan 16:13).*

D. Cuando Jesús se fue, sus discípulos se entristecieron mucho porque ya no tenían Su presencia confortante, pero Él prometió enviar el Espíritu Santo para confortar, consolar y guiar a los que pertenecemos a Cristo. El Espíritu Santo también "da testimonio" a nuestro espíritu de que pertenecemos a Él, y así nos asegura la salvación *(Juan 14:16; 15:26; 16:7)*.

## III. COMUNICACIÓN CON DIOS A TRAVEZ LA ORACIÓN

A. Debemos acercarnos a Dios en oración para todas nuestras necesidades. Cuando algo nos falta, Dios dice que no es porque Él no pueda proveer, sino porque nosotros no pedimos con diligencia o

## ACTÍVATE

pedimos con motivos equivocados *(Santiago 4:2-3)*. Hasta Jesús oraba con frecuencia a causa los límites que tomó en forma humana *(Lucas 3:21; Marcos 1:35; Mateo 26:36)*.

B. Jesús oró con frecuencia y fervientemente para restablecer la comunicación íntima con el Padre. Debemos seguir Su ejemplo y *"orad sin cesar" (1 Tesalonicenses 5:17)*.

C. Debemos examinar cómo nos comunicamos con nuestro prójimo. No es necesario decir que ninguna "palabra deshonesta" debe salir de los labios de un cristiano, ni en broma ni en serio *(Colosenses 3:8)*. Santiago habla claramente de este tema en *(Santiago 1:19) "Por esto, mis amados hermanos, todo hombre sea pronto para oír, tardo para hablar, tardo para airarse"*.

D. Cuando hablamos con ira, no mostramos el amor de Dios. Ya sea que hablemos con un miembro de la familia o con un extraño, nuestra comunicación siempre debe ser de una manera cariñosa. Si no, nuestro testimonio es afectado, así como el nombre de Jesucristo, porque como pueblo no tenemos cuidado al hablar.

E. La mejor manera de estar seguros de que lo que sale de nuestra boca es puro, es estar conscientes de lo que hay en nuestro corazón. Como Jesús les recordó a los fariseos: "De lo que sale del corazón, habla la boca".

1. Si nuestros corazones están llenos de impiedad, tarde o temprano saldrá en la forma de hablar, sin importar lo mucho que intentemos frenarla.

F. Los creyentes debemos constantemente examinar la

forma en que nos comunicamos. También deberíamos tener en cuenta las nuevas formas de comunicación, como el correo electrónico y los mensajes de texto.

Nunca debemos permitir que la seguridad de una pantalla del computador nos lleve a palabras duras o imprudentes hacia otros.

## CONCLUSIÓN

Finalmente debemos tener en cuenta nuestro lenguaje corporal y nuestros gestos hacia los demás. No tiene sentido retener las palabras cuando nuestro lenguaje corporal transmite menosprecio, ira u odio hacia los demás. Cuando participamos en una conversación, mientras nos preparamos para hablar, debemos hacernos estas preguntas: ¿Es cierto? *(Éxodo 20:16)* ¿Es bueno? *(Tito 3:2)* ¿Es necesario? *(Proverbios 11:22)*.

¡Le ayudamos a desarrollar el sueño de

## Escribir su libro!

Diseño Gráfico - Impresión litográfica / Digital

3313 Gilbert RD Grand Prairie TX 75050
Tel. (214) 529 2746
torresp29@msn.com

**mpg** — Mentor Publishing Group

¡Le ayudamos a desarrollar el sueño de **Escribir su libro!**

Diseño Gráfico - Impresión litográfica / Digital

3313 Gilbert RD Grand Prairie TX 75050
Tel. (214) 529 2746
torresp29@msn.com

## Mentor Publishing Group

¡Le ayudamos a desarrollar el sueño de

## Escribir su libro!

Diseño Gráfico - Impresión litográfica / Digital

3313 Gilbert RD Grand Prairie TX 75050
Tel. (214) 529 2746
torresp29@msn.com